GUIA
NÃO FAÇA TEMPESTADE
PARA CASAIS

BIBLIOTECA
NÃO FAÇA TEMPESTADE

GUIA
NÃO FAÇA TEMPESTADE
PARA CASAIS

Para ter um relacionamento mais íntimo,
mais carinhoso e sem estresse

Pelos editores da série
NÃO FAÇA TEMPESTADE

Apresentação
RICHARD CARLSON

Tradução de
ALYDA CHRISTINA SAUER

Título original
THE DON'T SWEAT GUIDE FOR COUPLES
Ways to Be More Intimate, Loving and Stress-Free in Your Relationship

Copyright © 2001 *by* Carlson, LLC.

Originalmente publicado nos EUA e no Canadá pela Hyperion.
Tradução publicada mediante acordo com a Hyperion.

Direitos para a língua portuguesa reservados
com exclusividade para o Brasil à
EDITORA ROCCO LTDA.
Avenida Presidente Wilson, 231 – 8º andar – Centro
20030-021 - Rio de Janeiro – RJ
Tel.: (21) 3525-2000 – Fax: (21) 3525-2001
rocco@rocco.com.br/www.rocco.com.br

Printed in Brazil/Impresso no Brasil

preparação de originais
Mônica Martins Figueiredo

CIP-Brasil. Catalogação-na-fonte.
Sindicato Nacional dos Editores de Livros, RJ.

C971n	Carlson, Richard
	    Não faça tempestade para casais: para ter um relacionamento mais íntimo, mais carinhoso e sem estresse/pelos editores da série Não Faça Tempestade; apresentação de Richard Carlson; tradução de Alyda Christina Sauer. – Rio de Janeiro: Rocco, 2005.
	    – (Biblioteca Não Faça Tempestade)
	
	    Tradução de: The don't sweat guide for couples: ways to be more intimate, loving and stress-free in your relationship
	    ISBN 85-325-1781-1
	
	    1. Marido e mulher – Conduta. 2. Administração do estresse. I. Série.

04-2180	CDD – 158.2 CDU – 159.94:392.6

SUMÁRIO

Prefácio 11
1. Lembre-se da pessoa por quem você se apaixonou..... 13
2. Leiam o mesmo livro 15
3. Sejam amigos 17
4. Cante no chuveiro 19
5. Transforme rieiras em rituais 21
6. Espere o final da frase 23
7. Aprenda a linguagem de sinais 25
8. Faça elogios 27
9. Divida a caixa de areia 29
10. Lembre que pombais são para pássaros! 31
11. Espere surpresas 33
12. Dê valor aos benefícios da dúvida 35
13. Estude o "Quem é quem" da convivência 37
14. Encontre um espaço só seu 39
15. Perca o rol de roupa suja 41

16. Dê valor ao presente 44
17. Queira aprender 46
18. Diga o que pensa – ninguém lê a sua mente 48
19. Seja o raio de sol no dia do seu parceiro 50
20. Conheça seus limites 53
21. Tenham uma aventura juntos 55
22. Dê quando menos se espera 57
23. Transforme diferenças em complementos 59
24. Estique o seu pavio 61
25. Ame de mão aberta 63
26. Trate com carinho a criança que há no seu parceiro 65
27. Experimente um par de sapatos diferente 67
28. Viva a vida que sempre esperou ter 69
29. Construa pontes em vez de muros 71
30. Enfatize o que é louvável 74
31. Voem em formação 76
32. Escolha o lugar em que está 78
33. Pare de marcar o seu placar 80
34. Dê o primeiro passo 82
35. Aprenda a respirar 84
36. Pense com o coração, sinta com a cabeça 87
37. Busque o extraordinário 90
38. Amplie o seu alcance 93
39. Saiba quem você é 95
40. Seja um torcedor em vez de um crítico 97

41. Suponha apenas o melhor 99
42. Crie uma atmosfera de tolerância 101
43. Não cutuque a ferida 103
44. Ria com facilidade 105
45. Aprenda a arte da retirada estratégica 107
46. Ofereça a mão uma vez por dia 109
47. Seja o parceiro que você gostaria de ter 111
48. Encontre motivos para dizer obrigado 113
49. Curve-se quando o vento sopra 115
50. Saboreie cada mordida 117
51. Não faça prisioneiros 120
52. Divida o trabalho 122
53. Faça um intervalo 124
54. Mude o cenário 126
55. Dê mais do que o necessário 129
56. Acabe com o bicho-papão 131
57. Seja o seu melhor amigo 134
58. Respeite seu conhecimento secreto 136
59. Jogue uma bola de neve 139
60. Renove as suas promessas 141
61. Defina o espaço comum 143
62. Tenha uma visão panorâmica 145
63. Plante uma árvore 147
64. Exercite novamente os reflexos involuntários 149
65. Seja um porto seguro 151

66. Mantenha a porta dos fundos aberta 154
67. Fale com as mãos 156
68. Não faça tempestade com as marés 158
69. Faça o que você gosta 160
70. Respeite as raízes do seu parceiro 162
71. Abaixe o volume 164
72. Admita! 166
73. Apague "fracasso" do seu vocabulário 168
74. Ouça com seus *outros* ouvidos 170
75. Cuide dos seus negócios 173
76. Institua a estratégia de "dar um tempo" 175
77. Esteja preparado para idéias brilhantes 177
78. Cuide do seu corpo 179
79. Cuide do seu espírito 181
80. Exercite o seu intelecto 183
81. Compartilhem seus filhos 185
82. Respeite suas próprias raízes 187
83. Mantenha algum mistério 190
84. Façam confidências 192
85. Transforme refeições em programas 195
86. Uma vez por mês, troquem de lugar 198
87. Sejam voluntários juntos 200
88. Separe, jogue fora e doe 203
89. Em caso de dúvida, faça as pazes 206
90. Ouça nas entrelinhas 208

91. Teste a sua capacidade de julgamento 210
92. Articule os seus "uis" 212
93. Evite rir à custa do seu parceiro 214
94. Lembre-se do amor 217
95. Acredite no poder de um só 220
96. Escale uma montanha 222
97. Apague o negativo 224

PREFÁCIO

Ser parte de um casal, num relacionamento sério, é um dos maiores tesouros da vida. Isto é, se for um bom relacionamento! Brincadeiras à parte, formar um casal é uma verdadeira dádiva. Representa uma oportunidade de ter amor, companheirismo, amizade, família e segurança. Mas, por mais maravilhoso que o seu relacionamento possa ser, provavelmente terá, no mínimo, um pouco de estresse associado a ele. O simples fato de duas pessoas estarem juntas já implica alguns problemas inerentes – a necessidade de se comprometer, de perdoar, de aceitar as diferenças e de fazer sacrifícios. Às vezes vocês discordam ou têm carências e desejos diferentes. Vocês podem ter objetivos e prioridades diferentes e precisam conviver com os problemas e os humores um do outro.

Os editores da Biblioteca Não Faça Tempestade fizeram um belo trabalho criando um guia para superar grande parte do estresse que normalmente acompanha o casal. O Guia *Não faça tempestade para casais* é uma coleção simples e prática de estratégias destinadas a fornecer ferramentas para você e sua parceira poderem atuar melhor juntos, deixar passar as coisas com mais facilidade e concentrar a atenção no amor que sentem um pelo outro. É comum nos nossos relacionamentos usarmos nossas mentes de forma negativa ou autodestrutiva, e isso faz com que o amor acabe. A consciência dessa tendência – e o poder do nosso pensamento – é uma ferramenta mágica para aprimorar o amor que temos pelos nossos parceiros. Ajuda a eliminar quaisquer hábitos negativos que possam ter se insinuado em nosso relacionamento.

Recomendo que você leia este livro sozinho, ou junto com a sua companheira. De qualquer forma, acho que vocês vão aprender coisas muito úteis.

Meu relacionamento com a minha mulher, Kris, é uma parte muito importante da minha vida. Assumimos o compromisso de fazer tudo o que pudermos para melhorar a sua qualidade. Muitas idéias neste livro ecoam nos nossos corações, e espero que ecoem também nos de vocês.

Obrigado por quererem dar mais qualidade ao seu relacionamento. Espero que este livro seja muito útil para você e sua companheira.

Dê valor à dádiva do amor,
Richard Carlson
Pleasant Hill, CA, junho de 2001

1
LEMBRE-SE DA PESSOA POR QUEM VOCÊ SE APAIXONOU

Há um período logo no início da maioria dos relacionamentos de longo prazo em que estamos tão enlevados pela excitação da química da paixão que não nos importamos com características ou atitudes de nossos parceiros que mais tarde vão se transformar em ingredientes de estresse. A maioria de nós costuma superar essa visão cor-de-rosa. Porém, no processo de declínio da paixão, é comum nos encaminharmos para a direção oposta. Não estamos mais cegos de amor e temos de enfrentar a realidade de outra pessoa de carne e osso. É uma parte natural, necessária e saudável do amor, mas assemelha-se a uma perda e provoca sofrimento.

Não há uma cura fácil para os estresses da vida de um casal. Mas, a visão que você tem da pessoa com quem compartilha essas tensões pode afetar, e muito, a importância que você atribui ao estresse. Quando você se lembra dos "como", dos "por quê" que o levaram a se apaixonar pelo seu parceiro, você continua considerando-o de forma simpática e carinhosa.

O processo de lembrar da pessoa por quem você se apaixonou começa dentro de você. Pense na primeira vez que a viu. Lembre-se dos detalhes da personalidade, da aparência, das preferências e dos hábitos dela. Pense em como esses aspectos afetaram você quando eram novidade, e lembre-se do que você achou atraente nele ou nela.

Lembrar-se da pessoa por quem você se apaixonou também pode ser uma via de duas mãos. Dê um passeio com ela pela rua das lembranças. Nos primeiros dias do romance, vocês compartilharam algumas fortes emoções e momentos excitantes. Recordar esses momentos, juntos, pode trazê-los de volta e até dar uma nova cor ao aqui e agora. Celebre ocasiões especiais retornando a antigas lembranças que tenham significado para o casal. Tirem as fotografias antigas do armário, dêem risada lembrando aquele tempo, e planejem atividades que vocês dois costumavam gostar de fazer juntos. Não tentem recriar o passado, mas deixem que ele alimente uma experiência mais rica no presente.

Resumindo, transforme a sua história compartilhada numa ferramenta poderosa para uma vida mais alegre e mais gratificante com seu parceiro. Nesse processo, você vai liberar espaço para o amor continuar a crescer e a se aprofundar.

2
LEIAM O MESMO LIVRO

Leva algum tempo para as pessoas se afastarem uma da outra. Esse distanciamento é resultante do acúmulo de centenas de escolhas individuais, feitas sem levar em conta a saúde do relacionamento. As pessoas são individualistas em atividades mais gratificantes e reservam as coisas mais comuns para quando estão juntas. O relacionamento, portanto, pode passar a ser sinônimo de enfado e tédio.

Da mesma forma, as pessoas levam tempo para construir um alicerce forte de crescimento e vitalidade mútuos. Esses são os momentos significativos que o casal resolve passar junto, em busca do que é estimulante e representa desafios. Para crescer juntos e não separados você precisa compartilhar as curvas de aprendizado com o seu parceiro, dia a dia, de diversas formas.

Talvez o seu parceiro jogue golfe, corra, esquie ou tenha um barco. Você pode não ter experiência nenhuma nessas atividades, mas pode certamente aprender. Você pode não ter habilidade física, ou pode achar que aquela atividade não faz o seu gênero. Você pode, no entanto, apreciar o valor que ela tem e ser um torcedor ativo de diversas maneiras. A área mais forte do seu parceiro pode ser a intelectual, a artística, pode se traduzir na manutenção da casa. A simples participação ao lado do seu parceiro lhe dá a oportunidade de aprender novas habilidades e de dar mais valor à pessoa que ama.

Seguindo o mesmo raciocínio, partilhe as suas qualidades também. Pode parecer mais fácil e mais eficiente evitar as explicações e o seu papel de treinador quando dividir as suas forças com seu parceiro, mas facilidade e eficiência não alimentam necessariamente o crescimento mútuo.

Se os dois gostam de ler, leiam o mesmo livro, separadamente ou em voz alta, um para o outro. Compartilhem suas opiniões sobre ele. O conteúdo do livro se transforma numa experiência compartilhada que os une ainda mais. Comece uma nova atividade que nenhum dos dois experimentou ou dominou. Matriculem-se em aulas de dança ou participem de um grupo de ciclismo. Se você gosta de viajar e possui os recursos necessários, planeje viagens para lugares que nenhum dos dois conhece. Se são tipos mais sociais, façam novos amigos juntos.

Com cada opção de aprender e de crescer juntos, vocês constroem uma história de apoio mútuo e um inventário de atividades gratificantes que unem os dois e os tornam interessantes um para o outro. Por comparação, as coisas que levam ao estresse e ao atrito serão entediantes. Vocês não vão querer gastar energia nenhuma com elas.

3

SEJAM AMIGOS

Companheiros de uma vida inteira não tratam necessariamente um ao outro como os amigos que deviam ser. Pode haver muitos motivos para isso, mas o resultado é que essas pessoas cultivam amizades fora do relacionamento que são melhores do que a que têm pela pessoa amada.

Não precisa ser assim. Você pode modificar esse estado de coisas insatisfatório. Para começar, seja para a pessoa que ama, o tipo de amigo que você gostaria de ter. Fique ao lado dela e lhe dê apoio quando as coisas estiverem difíceis, ofereça-lhe o ombro para ela chorar nos momentos de dor e seja um ouvinte simpático quando a vida ficar confusa. Parabenize o seu parceiro pelos seus sucessos e conceda o benefício da dúvida quando não entender o que está acontecendo. Mantenha e exprima a confiança que tem no seu parceiro. *Sendo* um amigo você conquistará o direito de *ter* a amizade do seu parceiro.

Você também precisa ensinar o seu parceiro a ser seu amigo, ou sua amiga, no romance. Descubra um jeito de se comunicar sem acusar. Em vez de se expressar dizendo "Você nunca...", ou "Eu gostaria que você...", concentre-se em "Significaria muito para mim...", ou "Uma das necessidades que eu tenho é..." Dessa forma você reconhece que as necessidades são suas, e permite que o seu parceiro faça da amizade uma dádiva para você.

Quando você oferece amizade ao seu parceiro e é rejeitada, talvez seja bom examinar melhor sua atitude de amizade. Você está se concentrando no que é importante para o seu parceiro, ou está obstinadamente oferecendo apenas aquilo que sente vontade de oferecer? Você está tratando o seu parceiro como trata outros amigos chegados? E, finalmente, você já considerou qualquer raiva ou dor que pode estar atrapalhando? Às vezes o movimento na direção de uma amizade empaca porque existem desculpas que nunca foram formuladas e concedidas.

Pouca coisa na vida propicia tanta alegria quanto uma amizade sólida e solidária com a pessoa que você escolheu como companheira. Se você expressar o significado que a amizade representa para você e buscá-lo explicitamente no contexto da amizade, pode superar e ultrapassar as reações mesquinhas que se formaram quando você desejava essa amizade. Concentre-se em atacar o problema na origem, e os sintomas se resolverão sozinhos.

4
CANTE NO CHUVEIRO

Entre as pessoas que você conhece há aquelas que tiveram de enfrentar um número aparentemente desproporcional de tragédias em suas vidas, mas que continuam a demonstrar uma atitude otimista e positiva. Há outras, porém, que parecem ter um radar especial para tudo que é negativo, que têm problemas mesmo nos dias mais ensolarados, e que prontamente acusam quem ou o que é responsável pelo problema que estão enfrentando.

A diferença entre esses dois tipos de pessoas tem a ver com a atitude e o ponto de vista delas: o que costumamos chamar de "clima interno". As pessoas otimistas e animadas desenvolvem uma maneira de ver a vida, com todos os seus problemas potenciais, que faz com que aceitem o que não se pode mudar e busquem soluções positivas.

E é essa a questão. Independente do que possa ser necessário para caminhar em busca de alegria e otimismo mais profundos, o início deve sempre ser um desejo consciente de se sentir e de ser feliz. Não depende do que a vida joga no seu caminho, e tampouco do seu parceiro. Isso é só seu e pode ser aplicado a tudo o que você encontrar. Pode ser simples como cantar no chuveiro, ou complicado como organizar todas as mágoas e sofrimentos que você guardou a vida toda.

Um sem-número de opções estão abertas para você na busca de uma atitude positiva. Considere, por exemplo, a quantidade e qualidade do tempo que você dedica à sua vida espiritual. Reflexões, orações, caridade e adoração são maneiras de ajudá-lo a encontrar um ponto de alegria nos momentos de estresse.

O seu bem-estar emocional também está ligado ao seu bem-estar físico. Muitas pessoas descobriram que o bom humor é mais um dos efeitos colaterais dos exercícios regulares. Quando elas mantêm uma maneira equilibrada de se alimentar e de beber, conseguem mais energia e mais entusiasmo.

Pense também em como você trata o seu cérebro. Que tipo de "alimento" você dá para ele? Uma dieta constante de diversões violentas ou negativas não ajuda a manter uma atitude de esperança. Da mesma forma, qualquer quantidade de tempo na companhia de pessoas que não fazem outra coisa senão reclamar, fofocar e prever catástrofes terá influência no seu clima interno. Escolha com cuidado o alimento que dá à sua mente. Salpique uma dose liberal de experiências otimistas em sua vida servindo-se do que você ouve, lê, assiste e participa. E equilibre o tempo que passa ao lado de pessoas negativas e daqueles que seguem por um caminho mais positivo.

5

TRANSFORME RIEIRAS EM RITUAIS

Uma rieira é o sulco que se forma numa trilha muito usada e que dificulta qualquer mudança. Quando trilha esse caminho, você mantém o mesmo rumo, do mesmo modo que da última vez que passou por ali. Você pode até vislumbrar outra maneira de seguir o caminho ou modificar o seu destino, mas a rieira na estrada torna a mudança tão problemática que você fica tentado a não fazer esse esforço todo. O resultado é uma sensação de desânimo, de oportunidade perdida. E a partir disso, cresce o arrependimento e a auto-recriminação. Pior ainda, você pode ficar tão habituado com as suas rieiras que deixa de enxergar as alternativas.

Rieiras não acontecem conosco. Nós é que resolvemos cair nesses padrões e perpetuá-los, sem questionar seu valor para as nossas vidas. Não é a criação e a manutenção de padrões, em si, que permitem que as rieiras façam seus estragos. Ao contrário, é deixando de refletir por que estamos viajando pelo mesmo caminho e do mesmo jeito, sem querer resolver se outro caminho seria melhor.

Uma rieira pode estar representada por um determinado raciocínio, uma reação habitual ou um comportamento padrão. Se você passa tempo demais sem examinar isso, você se arrisca a dar o troco errado para o bem-estar do seu relacionamento mais íntimo. Uma rieira perde um pouco do seu poder quando você descobre que está dentro dela. Com esse reconhecimento, vem a oportunidade de repensar o padrão que você escolheu, modificá-lo, ou transformar o efeito que provoca em você.

Tome por exemplo o hábito diário de ler o jornal à mesa do café-da-manhã. Muitos parceiros se ressentem de ter de ficar olhando para uma página aberta de jornal quando tomam café. Dessa irritação, brotam muitas outras, simplesmente porque o dia começa com um comportamento dividido pelos dois – por um que lê em silêncio, e pelo outro que não reage construtivamente – que acaba sendo prejudicial.

Ler o jornal à mesa do café-da-manhã pode ser bom para a convivência do casal se ambos fazem essa escolha conscientemente. Conversar sobre o que leram e manter o contato visual pode transformar um hábito exclusivo em alimento para a diversão e o crescimento mútuos. A rotina de assistir a determinado programa de televisão ou vídeo juntos pode se transformar num ritual muito agradável.

O que transforma rieiras em rituais é uma decisão consciente, *compartilhada*. O que evita que os rituais se transformem em rieiras é a disposição de se manter consciente e de continuar fazendo escolhas.

6
ESPERE O FINAL DA FRASE

Poucas qualidades são mais importantes para um bom relacionamento do que a capacidade de saber ouvir. O primeiro passo para ser um bom ouvinte é fazer um esforço consciente para prestar atenção. Os seres humanos pensam muito mais depressa do que falam. Quando o seu parceiro está falando, você entende o que ele ou ela está querendo dizer com bastante antecedência. Isso pode fazer com que a sua mente vagueie, e você se distraia a ponto de parar de ouvir. Além do mais, como você está pensando mais rápido do que a outra pessoa fala, pode prever aonde ela quer chegar. Você pode terminar a idéia seguinte para o seu parceiro – literalmente ou mentalmente. Você deixa de absorver a mensagem concreta, e o resultado é a falta de comunicação.

Saber ouvir também depende do seu comportamento físico. Observe o que o seu parceiro está dizendo com gestos, expressões faciais e com a sua postura. Faça contato visual. Ao mesmo tempo comunique, com seus próprios gestos, expressões e postura que você está "presente", está ali com o seu parceiro. Balance a cabeça com atenção e evite cruzar os braços ou fazer que não com a cabeça. Os mesmos gestos físicos que dão a impressão de que você está ouvindo podem ajudá-lo a ouvir melhor.

Não suponha nunca que você sabe o que virá depois, ou que você sabe tudo que é preciso saber. Como todas as pessoas, seu parceiro está em constante desenvolvimento, e isso só pode ser descoberto quando se presta atenção nas conversas. Se você não esperar para ouvir o fim da frase, pode perder as mudanças que ocorreram. Você perde a oportunidade de conhecer melhor a pessoa que ama.

Ouça sem julgar. A maneira mais rápida de afastar alguém é criticar e corrigir em vez de ouvir o que essa pessoa tem a dizer. Tente esclarecer o que você está ouvindo. Pense um pouco antes de direcionar a conversa para as suas preocupações. Às vezes, no afã de demonstrar empatia, respondemos às revelações do nosso parceiro com as nossas próprias. Isso pode gerar uma compreensão mútua, mas, se acontecer com muita freqüência ou rápido demais, pode revelar um desinteresse relativo pela outra pessoa. Concentrar-se inteiramente no que seu parceiro está dizendo, e dar a ele ou ela tempo para terminar de falar, demonstra que você está sendo atencioso.

7
APRENDA A LINGUAGEM DE SINAIS

É muito comum na vida íntima conhecer as preferências, as frustrações e os defeitos do nosso parceiro. Algumas dessas idiossincrasias particulares possuem ramificações públicas, e às vezes temos de revelar algo sobre elas na frente dos outros. Talvez um de vocês dois costume falar alto demais. Um de vocês pode querer sair cedo de uma reunião, ou precisa ser salvo de uma pessoa muito chata. Seja qual for o problema, uma comunicação à vista dos outros pode ser constrangedora e embaraçosa.

Uma maneira eficiente de evitar isso é criar uma coleção de sinais que permitam que vocês se comuniquem só entre vocês. Por exemplo, suponhamos que o seu parceiro às vezes enfie a manga da camisa na comida, à mesa do jantar. Combinem entre vocês que se o seu parceiro precisar de um aviso para se limpar, você dirá "Você por acaso trouxe um lenço?" Ou, então, podemos mexer no lóbulo da orelha e fazer contato visual para indicar que o outro precisa limpar os dentes. Os tipos de sinais são bem menos importantes do que o fato de existirem. A capacidade de se comunicar sem falar faz com que você e o seu parceiro sejam aliados de uma forma que é só de vocês, e, ao mesmo tempo, respeitem sua privacidade em eventos públicos.

Essa solução exige sensibilidade e comunicação. Quando você se depara com uma situação pela primeira vez, é bom pensar antes de dizer qualquer coisa. Em público, se você está enfrentando algo inusitado, pode ser uma boa idéia ficar em silêncio e conversar sobre isso mais tarde. Admita que você não sabia o que dizer, mas que, no futuro, gostaria de saber o que o seu parceiro prefere. Depois que a situação ou problema se repetir e vocês colocarem o plano em ação, verifique se o resultado satisfez a ambos.

Prestar atenção na comunicação íntima, quando vocês estiverem com outras pessoas, pode evitar mágoas, humilhações e brigas posteriores. Você está lidando com a origem do estresse em vez de tratar dos sintomas, e, nesse processo, você fortalece sua união.

8
FAÇA ELOGIOS

Quando iniciamos relacionamentos, costumamos nos concentrar mais nos aspectos positivos. Com o tempo, entretanto, à medida que nos familiarizamos com os traços negativos do nosso parceiro, deslocamos nosso ponto focal. Constatamos que nosso parceiro tem a mesma mistura de positivo e negativo que nós. O que consideramos negativo no nosso parceiro muitas vezes ameaça a nossa sensação de bem-estar e de conforto, e então queremos consertar ou eliminar isso para recuperar a sensação de segurança e de felicidade.

Infelizmente, o mecanismo natural de defesa que nos faz perceber e reagir ao que é negativo pode, com o tempo, acabar obscurecendo o lado positivo. O lado bom no nosso parceiro, que um dia notamos, desaparece em um segundo plano. Os nossos comentários passam a ser uma ladainha de preocupações, acusações e reclamações. Nosso parceiro começa a se questionar se ainda o amamos. A reação dele é levantar as defesas. O resultado é que nós ressaltamos o que há de negativo no outro, em vez do que é positivo.

Esse processo pode ser invertido. Você pode se ajudar desde o início sendo honesta consigo mesma. A maioria das pessoas sabe que tem defeitos. Isso pode servir de consolo quando se identifica os defeitos do parceiro. Deve servir para lembrá-la de que não vai encontrar ninguém perfeito. Você tem o potencial da empatia e do perdão para alguém que tem defeitos, como você. Saber que você precisa dessas emoções para navegar na sua rota com sucesso deve ajudá-la a aceitar que seu parceiro também precisa delas.

Ao fazer as pazes com o negativo, você fica livre para lidar com o positivo. Trate de identificar e considerar, com todo cuidado, pelo menos um traço ou qualidade admiráveis no seu parceiro todos os dias, por uma semana. No fim desse período, aproveite a oportunidade para partilhar com ele o que você andou pensando em relação apenas a uma dessas qualidades. Pode ser simples assim: "Eu só queria dizer que aprecio muito isso em você."

É claro que você pode não ter de se esforçar tanto para notar os aspectos positivos da pessoa que ama. Talvez a necessidade mais premente seja lembrar-se de fazer elogios. Muitas vezes achamos que os nossos parceiros já sabem o que nós gostamos neles. Na verdade, a maioria de nós precisa de muita informação sobre o que temos de bom e sobre tudo o que fazemos de bom, especialmente do nosso parceiro.

9
DIVIDA A CAIXA DE AREIA

É surpreendente observar que pessoas adultas que normalmente demonstram tanta maturidade e sensatez podem ser muito infantis quando se trata do espaço comum em que vivem. O que tem mania de ordem briga por causa da bagunça. O especialista em arrumar cama de hospital arranca os cabelos com lençóis mal-arrumados. E o amante da natureza chora com a mania do parceiro de podar demais os arbustos.

Em geral, essas questões são produto de estilos pessoais, de educação e de hábitos. No entanto, quando elas existem entre pessoas cujas inclinações básicas são opostas, têm o potencial de criar tensões.

Lembra-se daquele tempo em que seu maior problema era aprender a dividir seus brinquedos com seus amigos na caixa de areia? Você pode ter riscado uma linha no meio da caixa e dito: "Esse lado é meu, o outro é seu." Talvez vocês fizessem uma pilha de brinquedos no meio para escolher com qual iam brincar, um de cada vez.

Como uma pessoa adulta que vive com outra, você há de convir que não estão lidando com certo e errado, e sim com diferenças. Afinal de contas, onde é que está escrito que ser organizado é moralmente superior a ser bagunceiro? Ou que os arbustos deviam ser podados com uma forma orgânica, e não formal? Parceiros que se amam merecem uma boa dose de perspectiva um do outro e da noção de ridículo. Também merecem respeito sincero e mútuo.

Retomemos, então, o parquinho. Admitam um para o outro que as diferenças que surgem com a divisão dos serviços domésticos podem irritar e aborrecer vocês. Depois, ativem seu sentido de perspectiva. Você pode dizer: "Olha, isso é sempre motivo de discussão e provoca reações tolas. Eu te amo demais para desperdiçar energia emocional com isso. O que podemos fazer?" Com o problema identificado e enquadrado firmemente no contexto maior de um relacionamento amoroso, você forma um ótimo ponto de partida para comprometimento e colaboração.

Lembre que o seu parceiro tem tanto direito de querer um lar confortável quanto você. Se vocês são muito diferentes no que diz respeito ao conforto, talvez tenham de determinar certos lugares que não serão compartilhados. Vocês terão de se respeitar mutuamente para terem consideração um pelo outro na hora de se comprometer. A recompensa é uma atmosfera doméstica que demonstra a reciprocidade do amor que os une.

10

LEMBRE QUE POMBAIS SÃO PARA PÁSSAROS!

Um pombal, por definição, é área de confinamento. Se você é um pombo à procura de um lugar para fazer seu ninho, tal confinamento significa segurança. Mas, se você é um ser humano que vive com outro ser humano, um pombal implica a perda de esperança e confiança, a incapacidade de crescer e de melhorar, a diminuição do amor e o aumento do isolamento. Pombais não são lugares para pessoas, e instalar alguém em um deles pode machucar muito. Irritações relativamente pouco importantes podem se transformar em bloqueios enormes quando uma pessoa insiste em confinar a outra num pombal, e rejeita a possibilidade de mudança.

E, no entanto, isso é bem fácil acontecer, especialmente num relacionamento que já dura algum tempo. Você usa uma história de algum traço ou comportamento que o seu parceiro manifestou no passado e a projeta no presente e no futuro. Você deixa de enxergar a realidade, porque as suas expectativas negativas toldam a sua visão. Mesmo quando seu parceiro se modifica, você não vê, ou não aceita isso.

Você pode se comportar melhor com seu parceiro. Comece lembrando que a mudança é uma constante na vida. Enquanto há vida, as mudanças inevitáveis podem ser canalizadas num sentido construtivo. Não esqueça que viver num espaço limitado pode realmente comprometer o crescimento de uma pessoa. O mesmo acontece com o crescimento mental. Se você não permite que seu parceiro tenha espaço para crescer, pode estar limitando o desenvolvimento dele. A sua atitude reduz a sua capacidade de dar e de receber amor.

Quando resistimos à tentação de viver em pombais, cultivamos uma das forças positivas mais poderosas que existem. Demonstramos fé na bondade intrínseca do parceiro. Exercitamos a esperança no potencial de mudança positiva que ele ou ela tem. E pomos o amor em ação.

11
ESPERE SURPRESAS

Conhecer intimamente outra pessoa é certamente uma das maiores alegrias dos relacionamentos humanos. Mas, com o tempo, você pode chegar ao ponto de acreditar que sabe tudo que precisa saber. Você interpreta suas experiências e observa o seu parceiro sob um único ponto de vista. Você fica imune a surpresas. As suas expectativas de mesmice fecham a sua mente para a complexidade do seu parceiro e você se conforma com a estase – a estagnação do relacionamento.

Saiba que o que você está vivendo é comum. Em essência, é injusto para você e para seu parceiro também, mas isso não faz mais de você um bandido do que seu ponto de vista faz do seu parceiro a criatura tediosa e estagnada que você imaginou. No entanto, tal estado de coisas exige que você pratique um pouco de natação mental, se quiser sair do lamaçal.

Para começar, reconheça que seu ponto de vista é limitado, por mais que você ache que conhece seu parceiro. Você criou um tipo de compreensão reduzida, que poupa uma série de análises mais profundas das reações aos traços e hábitos do seu parceiro. Mas, nesse processo você também pode ter parado de enxergar com clareza.

Pode parecer difícil adotar uma visão nova. Seu parceiro, porém, conhece outras pessoas e, assim, você tem a oportunidade de absorver o que elas acham dele. A perspectiva alheia pode ser o remédio perfeito para abrir a sua mente em relação às surpresas que ainda existem no seu parceiro.

Ficar algum tempo longe do parceiro pode ser útil. Quando retornar, trate de observá-lo *realmente*, como se ele fosse um desconhecido. Abra a sua mente para as impressões sutis que costuma ignorar. Imagine que é a primeira vez que vocês se vêem, e considere o que acharia dessa pessoa se estivesse formando a primeira impressão sobre ela.

Passar algum tempo juntos na companhia de outras pessoas também pode conduzir a novas descobertas. Instale várias pessoas em um cômodo, separando você de seu parceiro, e fique observando à distância. Preste atenção no comportamento dele sem que você esteja ao seu lado. Iniba as suas expectativas e espere surpresas.

A vida é cheia de surpresas – e as pessoas também, se você se der ao trabalho de olhar. Seja curioso e olhe para quem você ama. Você não conhece tudo. Seja grato por isso.

12

DÊ VALOR AOS
BENEFÍCIOS DA DÚVIDA

As dúvidas atacam com mais força quando estamos cansados ou deprimidos, sobrecarregados ou enfrentando algum tipo de crise. Compreender esse simples fato do comportamento humano pode ajudar a compensar o poder de uma dúvida. E pode servir como um alerta para modificar nosso modo de vida. Mas, mesmo assim, ainda temos de cuidar da dúvida em si.

A única reação que não ajuda muito é a de "ignorar para que vá embora". Ignorar seus sentimentos gera espaço para que eles cresçam. As suas dúvidas voltarão e estarão bem maiores.

Se você tem dúvidas sobre o seu relacionamento, dependendo de que tipo são, pode usá-las como catalisadores para lembrar todas as coisas maravilhosas do seu parceiro que tornam ridículas essas dúvidas. Fazer isso pode até servir de lembrança para você elogiar e agradecer ao seu parceiro. "Eu mencionei recentemente o quanto você significa para mim?" No contexto desse tipo de conversa, você pode até resolver revelar a dúvida para o seu parceiro – o que, por sua vez, possibilita que ele desfaça essa dúvida e ponha tudo de novo em perspectiva.

Por outro lado, as dúvidas podem de fato servir como indicadores de aspectos do seu relacionamento que estão precisando de atenção. Você pode perceber de repente que ultimamente vocês têm feito pouca coisa juntos, ou que você precisa saber mais a respeito da situação financeira do casal. Talvez uma dúvida desperte você para carências que seu parceiro possa ter, ou você pode sentir que é hora de repensar alguns hábitos que vocês dois adotaram e que não satisfazem aos interesses da sua vida em conjunto.

As suas dúvidas vêm e vão. Em vez de deixar que elas governem você, use-as construtivamente para eliminar algumas das tensões mais problemáticas da vida.

13
ESTUDE O "QUEM É QUEM" DA CONVIVÊNCIA

Compartilhar a vida com outra pessoa significa entremear dois corpos diferentes, com duas cabeças e dois tipos de opções, talentos e potenciais. O ideal é que essa parceria sirva às duas pessoas e faça o todo maior do que suas partes. Diferenças, no entanto, podem levar à intolerância e ao desejo de reformar o seu parceiro para que ele se pareça mais com você. Quando você tenta transformar seu parceiro numa imagem refletida de você mesmo, a trama do relacionamento começa a se desfazer.

Por mais estranho que possa parecer, essa intolerância às vezes parte de uma perda de identidade. De uma forma exagerada, os psicólogos se referem a isso como "emaranhado". Tornamos imprecisas as linhas divisórias entre mim e o outro. O que nosso parceiro é e faz passa a representar uma ameaça pessoal para nós se não aprovamos ou damos valor a essas coisas. Consideramos nosso parceiro como se refletisse em nós o que ele ou ela é, ou achamos que somos responsáveis por ele ou ela também.

Bem, a boa notícia é que você é você. O seu parceiro é uma outra pessoa. Você pode deixar seu parceiro ser diferente, mesmo se você considerar essa diferença algo errado. Isso não o torna menos do que você quer ser.

As diferenças entre você e seu parceiro e as reações que elas provocam podem fazer com que você questione muitas das suposições sobre as quais baseou suas escolhas diárias. Talvez seja uma confirmação do seu ponto de vista e do que você é. Talvez você descubra novas possibilidades de criar alicerces novos e mais significativos. Em qualquer um desses casos, você terá aquela pessoa sentada diante de você à mesa da cozinha para agradecer por essas revelações.

Além disso, as diferenças entre você e seu parceiro exigem aulas de flexibilidade. Há um ditado na prática da ioga que se aplica bastante à vida: a juventude é uma coluna flexível. O espírito humano que não consegue tocar nos seus dedos do pé metafóricos é um espírito calcificado, rígido demais. Os exercícios de alongamento provenientes da tolerância em relação às diferenças trazem juventude e vitalidade para o seu espírito. Em vez de desprezar as diferenças que você descobre no seu parceiro, valorize-as pela textura que acrescentam à trama do seu relacionamento.

14

ENCONTRE UM ESPAÇO SÓ SEU

❦

É fato consumado da biologia humana que o corpo precisa de tempo para ser restaurado e se refazer. É para isso que serve o sono. Nós também dedicamos um tempo para reabastecer durante o dia, comendo e bebendo. Se estamos sempre nos esforçando, sem atender a essas necessidades, desmoronamos. As nossas necessidades assumem o controle e somos forçados a parar.

Infelizmente a nossa necessidade psicológica de descanso e de recuperação não é tão óbvia nem tão insistente. Você pode passar longos períodos sem cuidar das suas necessidades emocionais e espirituais, sem jamais diagnosticar a doença espiritual resultante. Talvez você note que seu pavio está mais curto. Talvez sinta que não está enfrentando as coisas de acordo com seu padrão normal. Você culpa as circunstâncias, seu parceiro, outras pessoas, quando, na verdade, o alívio está dentro de você, não fora.

Relacionamentos amorosos, atividades significativas, a consciência de que você tem um lugar na sua comunidade e o velho e bom divertimento – tudo isso torna a vida mais rica e gratificante. Porém, quando você se permite pouco ou nenhum tempo de paz sozinho – para refletir e descansar –, pode rapidamente perder de vista o que tem importância. Você se vê enredado em compromissos, está sempre ocupado, e, então, um dia acorda com um profundo desejo de mandar o mundo parar para você pular fora. Há exigências demais, e a falta de tempo ou lugar para se recompor o transformou num bagaço.

Imagine o equivalente psicológico de uma boa refeição num lugar agradável. Você arranja tempo e cria o cenário. Então, alimenta a sua mente e o seu espírito deixando a poeira baixar e analisando pensamentos e sentimentos. Permita-se o prazer de ler aquele livro que queria. Tome um banho quente de banheira ou faça uma massagem. Faça uma longa caminhada sem a obrigação de acompanhar o passo de alguém ou de entabular uma conversa. Qualquer forma de reabastecimento funciona, desde que seja algo escolhido por você.

Arranjar tempo para servir ao seu espírito é uma dádiva para o seu parceiro, além de ser um presente para você também. Permitir que o outro faça o mesmo só intensifica o que há entre vocês. Pode ser necessário ter uma boa conversa para garantir que isso não se deve a nenhum afastamento. Mas paga dividendos em recursos renovados para enfrentar melhor as coisas e revitalizar a sua visão de como a vida pode ser.

15
PERCA O ROL DE ROUPA SUJA

É impossível para companheiros de vida não desenvolverem algumas frustrações e decepções um com o outro com o passar do tempo. Infelizmente, isso acaba criando um rol cada vez maior de roupa suja de reclamações. Tomamos nota do que é negativo, gravamos mental e emocionalmente, e deixamos essa lista nos afetar e também às nossas reações aos nossos companheiros.

O primeiro passo para perder esse rol de roupa suja é *tomar conhecimento do que você está sentindo*. Ele esqueceu mais uma vez de acrescentar o leite à lista das compras e você tem de correr até o mercado para fazer essa compra de emergência. Ela "fez uma faxina" nos seus papéis, apesar de seu pedido para que não fizesse, e agora aquele recibo desapareceu. Ou, mais uma vez, aquela piada sem graça foi feita à sua custa no jantar com os amigos. Você está zangado, ou magoado, ou se sente desrespeitado. Admita para você mesmo o que está sentindo e abrirá a porta para uma abordagem positiva dos sentimentos negativos, em vez de deixar que eles cresçam e apodreçam.

Agora *perdoe seu parceiro*. Seus sentimentos negativos podem ser justificados, ou não. Em todo caso, se você andar por aí com esses sentimentos dentro de você, estará se fechando para a cura e construindo um muro entre você e seu parceiro. Pode sentir a necessidade de extravasar dizendo algo como: "Quando você faz isso eu sinto..." Ou pode resolver não falar. A essência do perdão inclui livrar-se dos sentimentos negativos e exercitar a sua capacidade de amar o seu parceiro além de qualquer fraqueza. Cada um de nós tem a sua própria parcela de defeitos. Como você gostaria que seu parceiro reagisse aos seus traços de personalidade e comportamentos que são menos do que perfeitos?

Em seguida, *pare de reclamar*. Reclamações são como pesadelos. Se você segue em frente depois delas, elas perdem o impacto, mas se você torna a revivê-las sem parar, na sua cabeça ou em conversas, elas assumem um tamanho desproporcional à importância que realmente têm. Esqueça as reclamações. Agarrar-se à sua irritação vai magoá-lo mais do que aos outros e não deixará espaço para a possibilidade de uma mudança positiva.

Agora *pratique uma perspectiva positiva*. É praticamente certo que o seu parceiro ou parceira tenha defeitos. E você também. Mas seu parceiro também tem qualidades que merecem mais do que uma atenção equivalente. Tão importante quanto, reconsidere o seu julgamento de alguns "defeitos" do seu parceiro. Muitas vezes o que julgamos negativo nos outros é mais uma questão de simples diferenças. Ele pode esquecer de acrescentar itens à lista de compras porque é um sonhador, um tipo criativo. O mundo precisa de sonhadores e de pessoas criativas. Ela pode fazer faxina por desejar uma casa bonita e arrumada para vocês dois. Esse é um impulso maravilhoso que merece a transigência necessária para ela poder realizá-lo.

Resumindo, reclamações e ressentimentos são infinitos. Mas você pode resolver perder o rol de roupa suja.

16
DÊ VALOR AO PRESENTE

Preocupações com o futuro. Arrependimentos em relação ao passado. Esse é o combustível de noites em claro e dias de angústia. Muitos momentos do presente são desperdiçados quando nos preocupamos com o que está feito e encerrado, e com o que talvez nunca aconteça.

É claro que lembranças podem significar descobertas, nos fazem reviver momentos felizes e recordar de pessoas que amamos. Pensamentos sobre o futuro são úteis para determinar como devemos prosseguir na direção que queremos. Mas quando esses pensamentos se voltam para acontecimentos e eventualidades que não temos o poder de controlar ou modificar desperdiçamos o tempo que nos foi dado, em vez de viver e valorizá-lo. Quando você sobrecarrega seu parceiro com problemas antigos e incertezas futuras, a experiência do momento fica prejudicada.

A natureza humana e a cultura moderna podem conspirar para impulsioná-lo nessa direção, mas você pode optar por estar presente e viver intensamente cada momento. Comece observando quando seu humor muda para irritação ou angústia. Faça um rápido inventário do que estava pensando nos minutos que antecederam essa mudança. Você estava pensando numa decisão ou num acontecimento que você pode modificar? Se a resposta é sim, você pode fazer alguma coisa a respeito disso *agora*? Se não, você sacrificou o presente em detrimento de um outro tempo. Anote mentalmente o que pode fazer no futuro e então, conscientemente, deixe de elocubrações. Esteja onde você está agora.

Quando estiver com outras pessoas, concentre-se nelas. Faça contato visual quando elas se dirigirem a você. Trate de ouvir mais e falar menos. Lembre-se de fazer perguntas e de prestar atenção às respostas que receber. Observe como as pessoas interagem umas com as outras e anote o que acha especialmente interessante em cada uma.

Quando você estiver fazendo alguma coisa – lavando o carro, cozinhando, jogando tênis – concentre-se em uma coisa de cada vez. Enquanto durar essa atividade, afaste todas as outras e todos os pensamentos sobre outras coisas. Todos estarão lá à sua espera quando terminar.

Esses exercícios podem ajudá-lo a reconhecer de que forma você costuma perder o momento presente. Ajudam você a aprender a estar em um lugar de cada vez e a mergulhar de corpo e alma no que está fazendo. Na realidade, este momento é tudo que você tem. Viva-o como se fosse o único.

17

QUEIRA APRENDER

Quando pequeno, você passou pela infância como uma esponja, absorvendo informações e aprendendo tudo. Você se metia em encrencas e fazia experiências. Não se surpreendia nem desanimava com as tentativas e os erros.

Conforme foi ficando mais velho, o processo de aprendizado deixou de ser tão acelerado e, em alguns casos a tal ponto que a idade adulta passou a ter uma qualidade estática, fixa. Você forma opiniões firmes, domina certas habilidades e define limites absolutos e imediatos de tempo e interesses. Gasta muita energia se protegendo de qualquer sofrimento potencial e defendendo seu ponto de vista. Nesse processo, você perdeu a curiosidade sobre si mesmo, sobre seu parceiro e talvez até sobre a sua vida, e se fechou para o aprendizado de coisas novas.

Quando se trata de viver a vida, a sua capacidade de pensar como um estudante exerce um papel crítico. A vida é um processo contínuo de aprendizado. A sua disposição de ser um aluno da vida pode impedir que você se leve a sério demais. Afinal de contas, você não tem razão o tempo todo. Você ainda tem muito que aprender. Aceite a probabilidade de que seu parceiro tem cinqüenta por cento de chance de ensinar alguma coisa para você.

Como aluno, você deve manter essa perspectiva e continuar tentando quando não "acerta". Na idade adulta, muitos de nós sofremos decepções agudas quando tentamos fazer algo novo e não acertamos da primeira vez. Em geral desistimos. Quando você se considera um aluno, reconhece que pode levar anos para aprender, melhorar e se tornar um "especialista" em alguma coisa. A graça reside no caminho que você percorre até chegar lá – mesmo que nunca chegue de verdade.

Se você é um aluno, pode aprender as lições da vida. As frustrações podem ensinar a ter paciência, pontos de vista diferentes podem se tornar guias para a compaixão e a compreensão, e decepções podem levá-lo a maior sabedoria e visão. Essas são reações pragmáticas e otimistas aos altos e baixos da vida que *todos* nós enfrentamos.

Seja criança novamente no melhor sentido da palavra. No que significa retornar a uma visão dinâmica da vida que gosta de novas idéias, desafios, problemas e possibilidades. No que significa avançar aos poucos pelas curvas do aprendizado e se preocupar menos com os tombos e os joelhos machucados.

18

DIGA O QUE PENSA – NINGUÉM LÊ A SUA MENTE

Todos nós gostamos de acreditar que existe um parceiro por aí que poderá ler a nossa mente. Infelizmente esse tipo de telepatia é um mito. E nos relacionamentos íntimos se cria um estresse terrível quando um ou ambos alimentam essa expectativa. Se você quer que o conheçam e o compreendam, precisa aprender a dizer o que pensa.

Não é de admirar que as pessoas muitas vezes usem a idéia de se auto-expressar como desculpa para a deficiência na comunicação. Em nome de fazer valer seus direitos, algumas pessoas acabam intimidando outras. Há aquelas que se agarram a métodos sonoros de comunicação com o principal objetivo de manipular os outros a fazer ou a dar o que elas querem. E existem também pessoas que consideram a idéia de falar o que pensam uma autorização para despejar emoções nuas e cruas sobre outro ser humano. Elas extravasam suas opiniões, sua agressividade ou suas paranóias à custa dos outros.

Comunique-se de forma que permita que suas idéias fiquem bem claras, sem fazer com que seu parceiro erga as defesas ou que prejudique a disposição que ele ou ela tem de ouvir o que você tem a dizer. Raramente funciona descarregar sem mais nem menos o que passa pela sua cabeça sem pensar em como suas palavras podem ser recebidas. Reflita sobre o modo de se expressar para que seu parceiro possa escutar sem ouvir um monte de ruídos. Evite os típicos botões "quentes" que já observou no passado. Emoldure seus comentários de modo que não saiam como acusações. Elimine as críticas da sua comunicação, até onde for possível. Desse jeito é muito mais provável que seu parceiro ouça e compreenda, do que se você transformar sua comunicação em prática de tiro ao alvo.

Fale em termos de "eu acho", "eu acredito" e "eu penso". Quando estiver falando, ajude seu parceiro a compreender como você chegou ao ponto em que está e por que sente necessidade de expressar isso. Se o que está querendo dizer é algo que você considera um problema, pense com antecedência em algumas soluções possíveis para apresentar. Do mesmo modo, esteja preparada para ouvir com atenção.

Muitos dos problemas que trazemos na mente – especialmente os que se referem à pessoa que amamos – ficam muito maiores do que deveriam porque nos apegamos a eles tempo demais, sem dar-lhes voz. Dizer o que pensa representa mais uma maneira de vocês diminuírem o estresse da vida a dois.

19

SEJA O RAIO DE SOL
NO DIA DO SEU PARCEIRO

Pense num cenário típico de um relacionamento longo. Cada um segue seu caminho durante mais um dia de trabalho. Quando o casal se reúne novamente, em geral despenderam a melhor parte da energia pessoal longe um do outro. O casal aterrissa no mesmo lugar com experiências independentes registradas, e começa a diversão.

O que acontece em seguida varia de casal para casal. Você pode não estar preparado naquele momento do primeiro contato com seu parceiro para ouvir uma efusão de reclamações e problemas. Dê um tempo para descompressão – para trocar de roupa, sentar e tomar uma xícara de café, ou dar uma breve caminhada. O desejo do seu parceiro ou seu de respirar um pouco antes de cuidar da convivência não é um insulto. Trata-se de uma necessidade psicológica que, quando satisfeita, beneficia a ambos.

Quando vocês estiverem prontos e dispostos a estar de fato juntos, certifiquem-se de dar atenção um ao outro. Talvez um de vocês tenha uma necessidade mais premente de falar, ou mais histórias para contar, mas os dois tiveram um dia cheio. Partilhem e compartilhem igualmente. Nada comunica melhor o amor e a simpatia do que o interesse sincero pelo outro.

Se vocês conseguem passar um tempo bem tranqüilo juntos, esse momento de interação pode auxiliar na solução dos detalhes da sua vida em conjunto. Muitas vezes, porém, o fim de um dia de trabalho não é o momento ideal. Os pavios tendem a estar mais curtos. Toda exigência parece maior do que realmente é. Pense com todo cuidado se vocês estão dispostos a enfrentar o que vai significar mais trabalho. Se não estiverem, diga simplesmente: "Quando seria uma boa hora para conversar sobre isso?" Guarde as exigências e negociações para momentos de maior energia.

Por incrível que pareça, às vezes é mais difícil encarar uma boa notícia da rotina de trabalho do seu parceiro do que uma má notícia. Você teve um dia ruim e talvez esteja um pouco deprimida. O seu parceiro entra em casa com um sorriso de orelha a orelha e anuncia um aumento de salário, um problema resolvido, ou uma grande idéia. Não tire a azeitona da empada dele. Boas notícias às vezes são tão raras que não merecem ser estragadas pelo mau humor. Descubra em você entusiasmo para sorrir, e faça das congratulações a ordem do dia.

Indivíduos são diferentes uns dos outros, e casais também são. Vocês precisam de atenção e criatividade para poder apoiar um ao outro em suas responsabilidades e esforços individuais. Só vocês sabem o que funciona para vocês. Estabeleçam rotinas para o tempo que passam juntos a fim de que cada um seja o raio de sol no dia do outro.

20

CONHEÇA SEUS LIMITES

Um dos infortúnios mais comuns da sociedade moderna é a sobrecarga. As pessoas possuem mais bens e executam mais atividades, dispõem de um número maior de informações, e se engajam em mais multitarefas do que nunca. Essa sobrecarga prejudica a capacidade de enfrentar a vida, de relacionamento com os outros e de aproveitar os pequenos momentos. Ela inibe a concentração e provoca uma série de problemas relacionados com estresse. A nossa cultura pouco faz para nos ajudar a administrar a carga. A realidade é que cabe a você fazer algo a respeito. Mas você pode não ter tido tempo de parar para aprender quais são seus limites e para planejar sua vida adequadamente.

O seu relacionamento íntimo desempenha um papel vital nisso tudo. Muitas escolhas que fazemos são mútuas ou interdependentes, e o problema da sobrecarga requer um trabalho conjunto. Avaliem o que vocês esperam ter juntos. Para onde vocês querem que a vida a dois os conduza? Em que ponto estão em relação ao que esperam da vida? De que forma os elementos que sobrecarregam as suas vidas servem ou não a esse propósito?

Num nível mais imediato, considere seus próprios limites. Acidentes e infortúnios têm superado sua média habitual? Você às vezes se pega divagando? O seu principal relacionamento tem negado fogo mais vezes do que o normal? Quando foi a última vez que você disse não para algum compromisso extraordinário? Com que freqüência pensa no que poderia eliminar da sua lista de afazeres? O que você tem feito ultimamente para alimentar seu espírito ou enriquecer seu relacionamento íntimo?

Conhecer seus limites pode muito bem ser um projeto de uma vida inteira, mas não vai se concretizar se você não se empenhar nisso. Talvez você tenha de experimentar. Talvez tenha de interromper um ou mais compromissos até descobrir uma zona de conforto na qual possa avaliar o que vale a pena manter e o que tem de ser descartado.

21

TENHAM UMA
AVENTURA JUNTOS

Considerando a vida atarefada de um casal, é sempre mais fácil fazer o que é simples. Se você descobre um restaurante de que gosta, volta sempre. Se escolhe um lugar para passar as férias do qual tem lembranças ótimas, você vai de novo. Se vocês encontram uma atividade que agrada a ambos, transformam-na num hábito. Você desenvolve rituais e rotinas que o livram da necessidade de ser criativo e se contenta com um determinado padrão de conforto.

Essa maneira de administrar seu tempo juntos tem seus benefícios. Faz com que vocês compartilhem momentos previsíveis e consistentes. Mantém um canal aberto de comunicação e relaxamento. Dá uma sensação de segurança. No entanto, o nível de conforto também pode funcionar como um tiro que sai pela culatra. Você pode cair num estado de contentamento que não lhe permite enxergar a falta cada vez maior de vitalidade e de crescimento mútuo. Ainda que seus hábitos estejam cada vez mais semelhantes, suas almas estão se afastando. As suas conversas ficam superficiais ou giram em círculos, sem idéias ou experiências novas para alimentá-las.

Talvez seja o momento de você e seu parceiro experimentarem aventuras diferentes. Uma aventura pode ser elementar como modificar o trajeto da caminhada que fazem, ou tentar um novo restaurante. Pode assumir a forma de uma exploração local. Pode significar andar de trem em vez de ir de carro, escolher uma excursão em vez da mesma viagem familiar das férias, ou privar-se do concerto de música clássica para ir a uma apresentação de jazz num bar.

Acompanhando as novas experiências existem revelações sobre vocês dois. Você pode enxergar um lado do seu parceiro que nunca tinha visto. Trocas externas exigem mudanças e crescimento interno. As aventuras que vocês vão compartilhar exigirão seus recursos, servirão para aprimorar suas habilidades e para exercitar sua disposição e capacidade de cooperar. Vocês vão mudar e farão isso juntos.

Vocês não precisam desistir de todas as suas rotinas e de todos os seus hábitos. Tampouco precisam abandonar velhos amigos e programas que dão prazer e um sentido de continuidade. Simplesmente, temperem o que já estabeleceram com o gosto novo do desafio, da adrenalina e da aventura.

22
DÊ QUANDO MENOS SE ESPERA

Na nossa sociedade, os fabricantes de cartões e de presentes passaram a determinar, em grande parte, quando e como os oferecemos em ocasiões especiais. Isso não é de todo mau. Muita gente aprecia a lembrança em uma data especial ou outra, como nos aniversários. Porém, um dos efeitos peculiares da institucionalização de dar presente é o sentido de obrigação que cresceu em torno dela. As pessoas já esperam certos presentes, especialmente de seus companheiros. Podem ficar magoadas quando não os recebem, ou não dão valor quando recebem. Se é você que presenteia, é mais um item na lista de seus afazeres e, em alguns casos, tem gente que até se ressente dessa necessidade.

No entanto, dar presentes não é uma das formas mais agradáveis e gratificantes da vida de nos relacionar com quem amamos? É claro que não vamos querer suspender a prática de presentear nos momentos feitos especificamente para fazer com que nossos parceiros se sintam especiais. E também não queremos deixar que a comercialização determine como e quando – e até se – daremos alguma coisa para as pessoas que amamos.

Se presentear já perdeu o significado para você, reveja seus hábitos. Para começo de conversa, dedique mais tempo pensando no que está fazendo e por quê. Talvez você se ressinta do fato da indústria dos cartões determinar o que você deve fazer. Então, escolha uma ocasião que ninguém, além de você e do seu parceiro, considera significativa para dar o presente mais importante do ano. Ou apareça com uma garrafa do vinho preferido só porque é sexta-feira e você acha ótimo compartilhá-la com a pessoa mais importante da sua vida. Observe quando seu parceiro está deprimido ou estressado e use isso como pretexto para oferecer seu amor de uma forma concreta.

Pense em substituir um artigo comprado por tempo e esforço. Embrulhe uma caixa com uma promessa dentro. "Vale presente: para a reforma do seu estúdio." "Vamos sair esta noite – você escolhe o lugar, a hora e o que vamos fazer." "Devo sete horas cuidando das crianças – incondicionalmente – enquanto você faz o que quiser." Escolha qualquer item da lista de afazeres dos dois que seu parceiro estava esperando realizar havia muito tempo e faça, só para expressar o seu amor.

Não é o que fazemos que tem mais importância. É *como* fazemos, e *por quê*. Dê significado ao seu presente. Dê quando menos se espera. Dê de coração.

23
TRANSFORME DIFERENÇAS EM COMPLEMENTOS

Quando você dá o passo corajoso de morar com a pessoa que ama, acaba descobrindo que existe um leque de variações em termos de gostos, talentos, estilos e preferências. Em pouco tempo, vocês talvez descubram que desenvolveram um relacionamento antagônico e que vivem brigando. É uma pena deixar isso acontecer. Identifique as diferenças que se interpõem no caminho do casal, então parem e analisem tudo antes que elas caiam na rotina. Não parem de conversar depois de identificar comportamentos ou atitudes ofensivas. Descubram de que forma um comportamento acaba representando um problema para os dois.

Por exemplo, suponhamos que você aprecie deixar seus sapatos e guarda-chuva molhados na entrada da casa num dia chuvoso. Sua parceira, no entanto, acha que a entrada é a primeira impressão para as visitas e quer eliminar tudo o que não seja decorativo. O que está em jogo? Para a sua parceira, uma casa atraente e convidativa. Para você, uma conveniência, que ajuda a manter a sua propriedade limpa e organizada. Qual a solução? Descubram maneiras de atender às preferências dos dois. Criem uma espécie de depósito, na entrada, que seja decorativo e conveniente. Vocês realizam um objetivo comum e ambos ficam felizes.

Negociem responsabilidades de forma que ambos possam realizar seu potencial. Por exemplo, quando dividem a limpeza da casa, você pode ser ótimo tirando poeira. Por outro lado, vamos supor que a sua parceira seja ótima limpando as janelas. Dividam as tarefas para cada um atuar naquilo que faz melhor. Se você reconhecer as qualidades compensatórias no estilo do seu parceiro, terá mais facilidade para tolerar o que considera seus defeitos.

Vocês gostam de pratos diferentes? Sirvam uma maior variedade de pratos então, todos com porções menores, e certifiquem-se de atender às preferências dos dois. Vocês gostam de estilos diferentes de decoração? Separem os cômodos para cada um decorar do seu jeito ou aprendam a misturar estilos para ter uma decoração mais variada. Esses exemplos podem não ter nada a ver com as diferenças que existem entre vocês, mas ilustram o espírito de comprometimento e de respeito.

24
ESTIQUE O SEU PAVIO

Todos nós enfrentamos situações que de tempos em tempos nos deixam irritados. Algumas pessoas naturalmente levam mais tempo para perder a calma. Outras parecem já ter nascido de mau humor. O fato é que todos temos sempre desculpas para a raiva e comportamentos típicos para lidar com ela. A propósito, pavio curto não é bom para ninguém.

O seu pavio pode ser definido como o limite da sua tolerância, medida em tempo e intensidade, antes de você explodir de raiva quando provocado. Se o seu pavio é curto, você costuma reagir rapidamente. Um pavio curto muitas vezes provoca um curto-circuito na comunicação construtiva com o parceiro e gera incompreensões e sofrimentos desnecessários. Se o seu pavio costuma queimar rápido e com fúria, você precisa aprender como controlar melhor seu "gênio".

Conte até dez. Quando você se força a parar antes de reagir, permite que seu estresse interno se estabilize. Você pode ter de esperar dez minutos, ou até um ou dois dias. Quando a raiva inicial recuar, você terá a oportunidade de recuperar um pouco do equilíbrio e da perspectiva, e poderá reagir racionalmente.

Depois que esfriar, faça um esforço para se manter no assunto em questão. Muitas vezes aumentamos as desavenças ao sobrecarregá-las com dados que não têm nada a ver com o problema em questão. Cuide de uma coisa de cada vez. Isso tende a tornar os problemas muito mais administráveis, e é definitivamente mais justo em relação à outra pessoa.

Quando for reagir à origem da sua raiva, escute pelo menos na mesma medida em que fala. Muitos problemas que surgem na sua vida não são tão bem definidos ou unilaterais como a sua raiva faz parecer. Quando você define melhor os detalhes, pode acabar descobrindo que a sua reação foi realmente dramática demais. Em vez de ter de humilhar-se depois, por que não conhecer todos os fatos primeiro?

E finalmente, tenha compaixão pela pessoa que é o alvo ou que está assistindo à sua explosão. Como você se sentiria se fizessem isso com você? A maioria de nós deseja um tratamento justo, ter o direito de dar explicações e manifestar nossas opiniões, e gozar do benefício da dúvida. Até pelas aparências, preferimos pelo menos uma demonstração de cortesia. Não é necessariamente um bálsamo para todos os males tratar os outros como gostaríamos de ser tratados, mas quase sempre nos conduz a uma direção positiva.

25

AME DE MÃO ABERTA

Quando você procura manter o amor de alguém agarrando e segurando esse alguém o tempo todo, quaisquer e todas as coisas que fujam ao seu controle representarão uma ameaça e alimentarão seus medos de perda e rejeição. Em muitos casos, esse comportamento de "grude" é tão penoso para o seu parceiro quanto para você, e pode até afastar quem você ama.

Para amar de mão aberta você tem de dar um voto de confiança. É importante compreender que o amor que segura o tempo todo nasce de uma essencial falta de confiança no parceiro. Conscientemente ou não, o que você está dizendo é: "Não posso confiar no seu amor." Ora, você pode ter razão. Talvez seu parceiro não seja mesmo confiável, não mereça crédito. Mas você pode ter certeza de uma coisa: ninguém jamais aprendeu a amar fielmente preso numa gravata. Quando você entra num relacionamento, em determinado momento precisa confiar na outra pessoa. Não há como evitar. Grudar nela não funciona.

Na pior das hipóteses, se você ama de mão aberta, adquire um conhecimento precioso, apesar de decepcionante, da pessoa que ama. Adquire a capacidade de tomar uma decisão consciente do futuro com essa pessoa. O mais provável é que experimente a grande alegria de receber amor incondicional do outro. Adquire confiança no seu próprio valor e consciência da sua independência. Também se livra das dúvidas e dos medos que em geral perseguem os casais.

Quanto mais você praticar o "amor de mão aberta", mais colherá os prazeres de não se preocupar com o que não pode controlar. A mão aberta é a mão preparada para dar e receber o melhor que a vida oferece.

26

TRATE COM CARINHO A CRIANÇA QUE HÁ NO SEU PARCEIRO

Não importa nossa idade, temos sempre uma criança dentro de nós, alguém curioso e medroso que deseja cuidados e proteção. Essa parte de nós pode aparecer em horas inoportunas e nos transformar em pessoas carentes, mesquinhas e imaturas.

Por outro lado, essa jovem alma do nosso íntimo gera alguns dos impulsos mais ternos e espontâneos. Esquecemos as nossas defesas e curtimos um momento de liberdade de expressão ou de alegria completa e simples. Acreditamos em possibilidades e ainda sentimos curiosidade pela vida, pelos outros, e por nós mesmos. Essa sua parte pode estar enterrada sob diversas camadas de receio ou sofrimento. Deixar a criança que há dentro de você aflorar pode ser um grande passo para a construção de uma vida repleta de alegria e esperança.

Talvez você nem sempre reconheça quando as necessidades infantis do seu parceiro estão na origem do estresse que há entre ambos. Na verdade, ele ou ela pode não entender os impulsos que estão gerando problemas. Porém, se vocês compreenderem que todos nós precisamos de cuidados – até os adultos –, poderão priorizar o cuidado que precisam ter um com o outro.

Essa dedicação significa oferecer o ombro para o outro chorar. É necessário permitir que seu parceiro demonstre fraqueza. Talvez você tenha de deixar momentaneamente de lado seu impulso de consertar as coisas para que possa, então, oferecer seu apoio. Além disso, você terá de enfrentar suas próprias vulnerabilidades. Se quiser um parceiro que seja o "forte" o tempo todo, será difícil para você oferecer esse tipo de apoio. Quando você aprende a demonstrar simpatia com um abraço de consolo, você dá ao seu parceiro a oportunidade de sentir honestamente as emoções.

Esse ombro amigo também deve encorajar. Talvez você precise encorajar seu parceiro para que ele ou ela enfrente um desafio. Seja aceitar um novo emprego, aprender alguma coisa nova, ou simplesmente embarcar numa aventura, o seu parceiro talvez encare tais desafios com a mesma mistura de excitação, vontade e medo que uma criança sente quando aprende coisas como andar de bicicleta. Talvez seja você a dizer "Vá em frente!" ou "Eu sei que você consegue". E esse apoio significa que qualquer que seja o resultado, você estará sempre ali, pronto para encorajar de novo.

27

EXPERIMENTE UM PAR
DE SAPATOS DIFERENTE

Uma das maiores alegrias da intimidade é a proximidade em tudo o que nos permite conhecer um outro ser humano quase tão bem quanto nós mesmos. Um ingrediente-chave para construir esse tipo de conhecimento é reconhecer que seu parceiro é muito mais do que a metade do casal que vocês formam. O seu parceiro também *continua* a ser um indivíduo, por mais íntimos que vocês sejam. Isso pode ser ameaçador – todos nós temos medo do que não conhecemos. Mas também pode ser estimulante e excitante se você parar e se esforçar um pouco para calçar os sapatos do seu parceiro de vez em quando.

Quando se espantar com alguma reação do seu parceiro, procure compreender. Talvez você ache que na maioria das situações consegue prever como ele vai agir. É exatamente quando ele a surpreende que você tem a oportunidade de aprender mais.

Procure ter uma visão clara do ponto de vista do parceiro. Você não poderá ver através dos olhos dele se estiver montando sua estratégia de resposta enquanto ele estiver dando explicações. Você pode descobrir que ele pensou em coisas em que você não pensou, ou que tem uma visão criativa que vale a pena levar em consideração. Depois que o seu parceiro expôs a perspectiva dele, espere um pouco antes de responder para poder absorver bem o que ele disse, e admita que pode mudar de idéia.

Quando o seu parceiro estiver aborrecido, proponha uma conversa sobre a origem dessa agitação. Isso significa resolver ser ouvinte, em vez de juiz ou conselheiro, fazendo perguntas e esperando calmamente as respostas, em vez de oferecer análises ou soluções. Você nunca compreenderá realmente o que o seu parceiro sente e por quê se não interromper a sua colaboração tempo suficiente para ele se expressar. E será muito mais fácil seu parceiro adquirir o hábito de contar seus problemas se você se tornar um bom ouvinte.

28

VIVA A VIDA QUE SEMPRE ESPEROU TER

Em geral as pessoas descartam muito mais coisas do que deveriam por considerar impossíveis de modificar ou afetar. Talvez deixem de tomar a iniciativa quando surge a oportunidade. Ou então aceitam a avaliação que outra pessoa faz delas sem questionar nem se opor, mesmo quando, até certo ponto, acham que essa pessoa pode estar enganada. Talvez parem de prestar atenção e percam os momentos em que poderiam caminhar numa direção que representaria uma melhora na vida que estão levando. E é freqüente demais, em todas essas situações, que as pessoas responsabilizem seus parceiros por aquilo que só elas podem modificar.

A única maneira de superar tal estado é admitir que mudança positiva e crescimento vêm principalmente de dentro de nós, não de fora. O seu modo de encarar as cartas que recebeu e de que forma resolve jogar é que fazem a diferença.

Se você não examina sua vida com regularidade, comece agora. Você está indo na direção que deseja? Sente um vazio que precisa ser preenchido? Faça um inventário, e faça-o sempre.

Esse autoconhecimento serve de alicerce. Mas saber o quê e como construir em cima dele também é importante. Permita-se sonhar. Seus melhores planos nascerão das suas paixões – das pessoas e das conquistas que alimentam o fogo dentro de você.

Quando você sonha e identifica os aspectos da vida que realmente quer ter, você forma uma base melhor para efetuar modificações positivas. Por exemplo, talvez o que você precise agora na sua vida seja completar seus estudos, mas tem adiado seus planos para atender às necessidades alheias. Um pouco de pensamento criativo e de organização podem fazer com que você descubra os compromissos que permitam um avanço por conta própria, sem deixar de dar apoio aos outros.

Se você está frustrado com a sua vida num nível mais fundamental, os pequenos problemas terão um poder desproporcional e vão incomodá-lo muito. Por outro lado, se você está progredindo, por mais devagar que seja, numa direção que lhe parece estimulante, a vida que deseja vai surgir à sua frente.

29
CONSTRUA PONTES
EM VEZ DE MUROS

Muros sobem quando ocorrem conflitos, e conflitos acontecem em qualquer relacionamento íntimo. Seja como for o conflito, ele tende a incitar seu instinto de autoproteção. Você não gosta de se sentir atacado, rejeitado ou desprezado. Você se separa das conseqüências – aquela frieza residual, desconfiança ou irritabilidade que persiste no relacionamento.

Agressão é o material de construção clássico para um muro de defesa. O seu parceiro se recusa a responder quando você manifesta uma reclamação ou um problema, por isso você ataca em nome de fazer valer seu ponto de vista. Ou então é seu parceiro quem lança o ataque, e você levanta os punhos para revidar na mesma moeda.

Você pode escolher um muro feito com um material diferente. Talvez enfrente acusações ou críticas com a racionalização. Quanto mais você defende a sua posição, menos aberto fica para o ponto de vista do parceiro. O muro entre vocês dois cresce. Muros também são erguidos quando você resolve ignorar controvérsias que surgem entre vocês dois. Independente da maneira que você constrói o muro, você põe uma barreira no caminho da comunicação e da compreensão, e impede o processo de resolução.

Os muros sobem no espaço vazio que é criado quando você e seu parceiro se afastam. O conflito funciona como uma banana de dinamite que abre um buraco enorme entre vocês. Esse espaço será preenchido de uma forma ou de outra. Uma escolha mais feliz é uma ponte. Diferente do muro, a ponte conecta seus dois lados.

Quando você opta por ouvir sua parceira no meio de uma discussão, está resolvendo construir uma ponte até ela. Dê-lhe tempo para expressar completamente a perspectiva dela em relação ao conflito. Ouça com muita atenção, mas também peça esclarecimentos. Distancie-se das suas próprias preocupações tempo suficiente para tentar sinceramente compreender o ponto de vista dela.

Uma ponte também depende da comunicação adequada de seu próprio ponto de vista. O conflito surge porque pessoas com opiniões diferentes costumam ser teimosas. A não ser que os dois possam ser ouvidos, terão muita dificuldade para se encontrar em algum ponto no meio do caminho.

A conexão que você cria quando constrói uma ponte até o seu parceiro se origina quando o conflito acaba. É difícil ignorar uma discordância. Você sempre volta ao seu argumento. Quer que seu parceiro admita que você tem razão. É melhor chegar a um acordo. Comprometam-se e concordem que discordam. Depois deixem para lá, e sigam em frente.

30
ENFATIZE O QUE É LOUVÁVEL

As reações que você tem ao caráter e às opções do seu parceiro provocam um impacto enorme na auto-estima dele. Se o seu parceiro se sente julgado e criticado dia após dia, ele reagirá adotando uma posição cada vez mais defensiva. Ele começará a recuar, vai se sentir inseguro e terá raiva de você. Com essa concentração no negativo, você só está alimentando isso e ajudando essa atitude a crescer. No entanto, é possível lidar de modo mais produtivo com os erros e defeitos do parceiro. Se você enfrenta as dificuldades e busca soluções positivas, você passa a ser um verdadeiro parceiro – um aliado – com quem se pode contar nos melhores e nos piores momentos.

Primeiro, teste as suas percepções. Você pode, por sentir-se frustrado, estar elevando uma diferença inofensiva ao patamar de um defeito de caráter. Vasculhe um pouco a sua alma antes de se exaltar em relação aos problemas do seu parceiro. Nesse contexto, é bom admitir seus próprios defeitos, mesmo que apenas para você mesmo. Ninguém é perfeito, e isso inclui você. Por mais difícil que possa ser às vezes, também não dói nada admitir as suas fraquezas para o seu parceiro. Ao agir assim, você fortalece a tese de que, por mais que critique seu parceiro, você compreende que também pode ser justificadamente criticada por ele.

O mais importante é certificar-se de notar o que há de positivo no seu parceiro, além do negativo, e dar atenção igual ou maior. Pense no que você admira no parceiro, e diga isso a ele. Tudo o que é capaz de causar-lhe irritação parecerá muito menos importante quando você lembrar do que é louvável.

Continue a manifestar sua confiança essencial no seu parceiro. Poucas coisas são mais inspiradoras do que uma dieta exclusiva de "Eu acredito em você". Quando os problemas surgirem, essa mensagem vai estimular uma abordagem direcionada para uma solução. Em vez de comunicar "não acredito que você seja capaz de algo tão horrível", você diz "eu sei que você é capaz de fazer muito melhor". Isso servirá para lembrar que os problemas não definem o seu parceiro.

O hábito de enfatizar o que é louvável cria uma atmosfera de reforço positivo. Alimenta os aspectos do seu parceiro e do relacionamento que você quer que cresçam. Há momentos em que você precisa desabafar, em que os problemas têm de ser encarados e resolvidos. Mas se esses momentos ocorrem num ambiente tipicamente solidário e de respeito seus erros não farão com que vocês se afastem. Eles serão sua ponte para o sucesso.

31
VOEM EM FORMAÇÃO

Quando resolvemos ignorar as exigências do companheirismo em favor das nossas próprias preferências, montamos o cenário para a competição e conflitos desnecessários. Em vez de nos empenharmos para tomar decisões em conjunto e para encontrar soluções com as quais ambos possamos conviver, criamos situações adversas que elevam o risco. Os níveis de estresse aumentam e o relacionamento se transforma num campo de batalha. Você pode vencer, mas o preço é quase sempre alto demais.

A sua primeira opção deve ser cooperar. Em competições desse tipo, vocês podem descobrir um interesse comum sob todas as camadas do conflito. Se vocês resolverem sentar, conversar e buscar um entendimento que seja aceitável para o parceiro, o conflito pode ser substituído por uma questão menor e reforçar a união de vocês.

A natureza ilustra isso maravilhosamente bem. Os gansos canadenses migram milhares de milhas todos os anos. A maioria de nós já os viu formando um V contra o céu de outono. Mas há mais por trás do que vemos. A trilha de vento criada pelos pássaros na ponta da formação em V na verdade facilita o vôo dos pássaros que vão atrás. Enquanto alguns fazem mais força, outros descansam. Além do mais, quando o líder se cansa, ele vai para o fim da formação e outro pássaro, mais descansado, assume o seu lugar. É um balé de cooperação e de apoio que fortalece o potencial de sobrevivência e o desenvolvimento do bando.

Os seres humanos não parecem ter uma reação instintiva aos interesses comuns. Muitas vezes optamos pelo conflito em vez da cooperação. Precisamos estar dispostos a trabalhar juntos. O que não sabemos por instinto, podemos aprender por meio do exemplo e da experiência. Você e seu parceiro podem voar em formação quando resolverem fazer isso.

32

ESCOLHA O LUGAR
EM QUE ESTÁ

Todos nós vemos nossas vidas através de lentes, e as nossas diferentes percepções servem como filtros. Nenhum filtro é mais limitador do que acreditar que você não tem saída. Você se vê preso – no seu relacionamento, em todas as situações da vida, no seu trabalho ou na sua condição física. Essa atitude prejudica a sua motivação e a sua coragem.

Devemos admitir que há circunstâncias e relacionamentos que não são o que queremos. Você pode inesperadamente ter de cuidar de um parceiro debilitado. Pode chegar ao ponto máximo da sua função no trabalho e não ter mais para onde ir. A situação da sua família pode ter utilizado todos os seus recursos e impedido que você superasse sua curva de gastos. Em tais casos, ficamos tentados a dizer: "Isso não pode ou não vai mudar. Estou sem saída."

Essa atitude nasce de sentimentos, não de fatos. A pessoa cujo parceiro sofre de alguma deficiência incapacitante pode escolher continuar ou não no relacionamento. A pessoa cujas possibilidades no emprego se esgotaram pode escolher ficar onde está, pedir demissão e viver ao deus-dará, ou recomeçar numa nova carreira. A família que vive no limite financeiro pode resolver se luta ou se reconsidera as opções de estilo de vida que impedem o rendimento de seu dinheiro. Algumas dessas escolhas podem parecer descabidas, mas todos os dias há pessoas fazendo opções como essas.

A questão é que as escolhas que você faz são a sua vida. Você mantém o relacionamento com alguém que perdeu a saúde provavelmente por amor, e por estar convencido de que é o que deve fazer. Quando você reconhece o fato de ter feito essa opção, seu ponto de vista muda. Você não está mais preso numa situação impossível. Em vez disso, está vivendo de acordo com os seus princípios e assumindo um caminho corajoso e de amor. Você podia escolher outra coisa. Quando finalmente reconhece a responsabilidade pelo lugar em que está, com quem você está e por que está fazendo, você se desvencilha da armadilha.

Fazer opções na vida exige que você considere os porquês e para quês do que você decidiu até agora. Você fez opções que ainda pode manter e defender? O que você acredita ser importante? Como você avança na vida? Essas são grandes perguntas. As suas respostas oferecem perspectivas que podem modificar a visão que você tem da vida e das suas experiências ao longo dela.

33

PARE DE MARCAR
O SEU PLACAR

O amor às vezes é bem parecido com uma competição. Essa competição pode começar como uma brincadeira, mas, com o tempo, os aborrecimentos e as frustrações comuns da vida diária podem se transformar num cabo-de-guerra mais sério. A revelação surpreende quando um dos dois finalmente declara: "Você me deve uma!"

É claro que normalmente é bom relevar uma questão. E às vezes o compromisso exige que haja um revezamento entre vocês em relação a quem será beneficiado. Mas, se esse estilo de negociação passa a ser uma predisposição mental, vocês acabam se vendo em lados opostos.

O toma lá dá cá de um relacionamento íntimo não precisa seguir esse caminho. É preciso ter algo mais para atender às necessidades do outro com o mesmo entusiasmo que atendemos às nossas. Especialmente saber apreciar o que significa fazer parte de uma equipe.

Uma equipe eficiente compensa os altos e baixos de cada um de seus membros. Numa sociedade, isso significa que quando uma pessoa está vulnerável, cansada ou estressada, há sempre outra para contrabalançar isso. Quando um membro está cheio de energia e imaginação, o outro apóia esses talentos e essa criatividade. Cada "ponto" ganho é mais um para a equipe, não para um membro ou outro.

Em termos práticos, isso significa, primeiro, dedicar-se regularmente a incrementar seu espírito de equipe. Rituais diários durante as refeições ou até telefonemas podem ser usados para reforçar seu compromisso mútuo. Programas regulares, quando se exclui temporariamente o resto do mundo (inclusive os filhos), podem representar a privacidade tão necessária para um apoiar o outro. Momentos periódicos, em que vocês sentam e analisam as questões práticas da sua sociedade – finanças, planos, preocupações mútuas e prazeres compartilhados –, podem manter vocês dois sintonizados e aumentar a sólida interação que qualquer time precisa para um melhor desempenho.

Acima de tudo, jogue conscientemente para seu parceiro poder mostrar suas qualidades. É normal reconhecer que vocês têm uma ponta de egoísmo nessa mistura. Simplesmente ponha isso a serviço do seu relacionamento, reconhecendo que está atendendo aos seus próprios interesses quando dá amplas oportunidades para o seu parceiro brilhar – "ganhar". Se há algum placar a ser mantido no seu relacionamento, é a marca de tudo o que vocês fazem para tirar o melhor um do outro e para formar um time vencedor.

34

DÊ O PRIMEIRO PASSO

"Impasse" é o termo que explica o que acontece quando dois parceiros insistem em dizer que não é responsabilidade deles resolver um problema. Nenhum dos dois se dispõe a mudar, a ceder, nem a iniciar uma conversa.

Outra expressão bem descritiva é "beco sem saída", que em inglês pode ser "*deadlock*". Isso define uma cabeçada de duas forças iguais que faz com que os chifres de um fiquem presos nos do outro. A parte "*dead*" (morto) da palavra sugere a idéia de dois animais grandes que morrem lentamente porque se prenderam de tal forma que não podem comer nem beber.

É espantoso ver com que freqüência as pessoas se prendem nas próprias convicções. Elas se convencem de que estão moralmente certas e se recusam a tomar a iniciativa de se livrar da controvérsia. Qualquer atitude conciliadora – isto é, procurar uma solução – indica fraqueza.

Então, pelo bem do caráter e da eficiência, por que você não daria o primeiro passo? Acabar com um impasse exige humildade. Você jamais dará um passo para a frente se não puder dizer honestamente "Posso não ter entendido tudo", ou "Posso estar errado". Mesmo que você não perceba de que forma pode ter errado, o simples reconhecimento da possibilidade produz um efeito atenuante na outra pessoa.

Acabar com um impasse também exige empatia. A sua parceira tem motivos, assim como você, para ser teimosa. Ponha-se em seu lugar e imagine o sofrimento dela com a sua atitude inflexível. Pense um pouco por que o ponto de vista da sua parceira faz sentido para ela. Só quando você for capaz de entender sinceramente uma outra forma de encarar o motivo da batalha é que poderá abordar a reconciliação com integridade.

Acima de tudo, acabar com um impasse exige liderança. Você toma a iniciativa. Você elabora um plano e faz a sua jogada. Talvez considere que fazendo isso estará sacrificando os seus interesses. A verdade é exatamente o oposto: quando você resolve ser o líder – demonstrando com exemplo que deseja evitar um beco sem saída –, você conquista a sua liberdade. A sua parceira pode preferir fincar o pé, mesmo assim. Nesse caso, o problema passa a ser dela. Você se libertou e pode seguir em frente.

Em geral, se você está disposto a dar o primeiro passo e a atenuar a sua posição de alguma forma, a sua parceira também se move. Cerque esse movimento para a frente com o amor que os une e com o futuro que os aguarda, e descobrirão que a origem do seu problema não parece mais tão importante ou tão imutável.

35

APRENDA A RESPIRAR

Reações autônomas – as atividades involuntárias do nosso coração, pulmões, sistema nervoso e glândulas – muitas vezes são os primeiros indicativos dos efeitos do estresse. Saber diagnosticar isso pode ser útil para você reconhecer quando seus níveis de estresse estiverem especialmente altos. Seus batimentos cardíacos aceleram, você transpira muito, e a adrenalina engata uma sobremarcha. Você pode sofrer de uma erupção de acne, notar que seu cabelo está perdendo o brilho, ou pode ter dificuldade para se concentrar. E você pode ter reações exageradas com mais freqüência em relação aos problemas com seu parceiro.

Depois dessa auto-análise você tem a oportunidade de modificar suas reações naturais ao estresse. A principal mudança positiva que você pode fazer é aprender a relaxar fisicamente. Com o relaxamento é possível abaixar a pressão, equilibrar a produção de hormônios, e estimular a liberação de endorfinas no corpo – as proteínas do organismo que agem para compensar a dor. Se o estresse é um fator predominante na sua vida, talvez seja bom procurar literatura a respeito ou cursos de relaxamento. Mas mesmo para as pessoas que têm apenas uma quantidade média de causadores de estresse na vida alguns exercícios simples de relaxamento podem ser úteis para evitar reações descontroladas diante das pressões do momento.

Primeiro, aprenda a respirar. A maneira de respirar pode ter um efeito profundo no seu modo de pensar, relaxar e de manter um equilíbrio fisiológico geral. A respiração mais benéfica utiliza toda a capacidade pulmonar e acontece bem devagar. Essa respiração melhora o estado e a circulação do sangue, alivia a fadiga mental e física e ajuda o corpo no seu processo natural de cura e revitalização.

Sente-se num lugar tranqüilo. Concentre-se apenas na respiração, inalando bem devagar pelo nariz e dilatando o abdômen ao mesmo tempo. Isso produz o efeito de abaixar o diafragma, que, por sua vez, puxa o ar que você inspira para a parte inferior dos pulmões. Continue a inspirar, prestando atenção na subida do peito e da barriga quando os pulmões se enchem de ar. Quando seu peito estiver totalmente expandido, prenda a respiração e conte lentamente até cinco. Depois comece a expelir o ar bem devagar pelo nariz, deixando o peito abaixar primeiro, depois a barriga e por último o baixo-ventre. Repita esse exercício cinco vezes.

Nos momentos de muito estresse, respirar dessa maneira atenua a sua tendência natural de ficar tenso. Se você transformar essa técnica de respiração num hábito, digamos, de cinco a dez minutos por dia, será capaz de apreciar como é diferente estar relaxado de estar tenso.

36

PENSE COM O CORAÇÃO, SINTA COM A CABEÇA

A maioria dos casais vivencia um certo grau de mal-entendidos na vida diária. Uma análise mais profunda desses mal-entendidos pode ser útil para aliviá-los, mas até o simples reconhecimento de que vocês nem sempre entendem o que recebem um do outro pode ajudar. Vocês podem ir mais devagar e atribuir a devida proporção ao mal-entendido, e também buscar formas melhores de compreender a pessoa amada.

Recebemos informações de muitas fontes e de muitas formas diferentes. Essas informações se transformam em material de construção para o que consideramos conhecimento e, em um bom dia, sabedoria. Deslocamos em geral com bastante sucesso dos fatos para as conclusões quando deixamos nosso raciocínio e nossas emoções – cabeça e coração – trabalharem juntos. Mas às vezes a cabeça ou o coração assume o controle. É aí que nos deparamos com os mal-entendidos, que se transformam em conflitos explosivos.

Considere o que acontece quando uma observação descuidada da sua parceira não lhe cai bem. Você fica magoado, com raiva ou abalado. A emoção tem o potencial de se tornar tão proeminente que diminui sua capacidade de raciocínio. O seu coração está no controle enquanto sua cabeça pára de reagir. E é exatamente nesse momento que sua cabeça tem de funcionar – para pôr seus pensamentos mais realistas, construtivos e positivos em marcha. Antes de atacar sua parceira baseado na emoção total, admita a probabilidade de que ela fez besteira e fará outras, porque isso é da natureza humana. Lembre-se das partes importantes do bom caráter dela e de suas melhores intenções. Quando a sua cabeça disser isso para o seu coração, você poderá esclarecer o que sua parceira quis dizer. Então poderá se livrar da mágoa.

Por outro lado, você talvez reaja com a cabeça quando fica confuso ou quando se depara com um conflito. Os pensamentos, assim como os sentimentos, tendem a crescer e a acelerar, e acabam logo gerando mal-entendidos. Você pode ficar preso num rodamoinho de dúvidas e medos e tentar se sentir melhor revidando, atacando. Ou talvez você faça um julgamento precipitado e pare de ouvir porque já considerou sua parceira culpada dessa acusação.

Agora comece a usar o coração. No minuto em que a sua mente começa a descartar aqueles corredores escuros da incerteza, do juízo e da negatividade, você vai ter de recorrer às suas reservas de amor, e deixar a emoção transformar seu raciocínio. Una coração e mente para os seus pensamentos ficarem melhor informados. Dessa forma, você supera os mal-entendidos, em vez de alimentá-los.

37

BUSQUE O EXTRAORDINÁRIO

Por algum motivo, depois dos acontecimentos extraordinários que são se apaixonar por alguém e assumir compromissos, algumas pessoas se acomodam com uma vida comum juntas. Talvez seja o que aprenderam a esperar, seguindo o exemplo dos pais e de outros casais. Talvez seja prova de uma falta de energia ou de imaginação. Seja qual for o motivo, depois de ter "estabelecido" um relacionamento, algumas pessoas almejam nada mais maravilhoso do que uma vida comum, e é isso que elas de fato obtêm.

Por que se acomodar? Por que não desejar ser incomum, extraordinário e notável – tendo uma ligação incomum um com o outro, extraordinariamente viva em cada momento, e muito ligados no que está acontecendo entre vocês dois e à sua volta? Imagine se os seus amigos e vizinhos pudessem dizer "Nunca vi um casal que se trata com tanto respeito", ou "Tenho inveja da maravilhosa amizade que eles têm".

É óbvio que ninguém pode definir o que você acha desejável e extraordinário no seu relacionamento. Só você e a sua parceira sabem o que é mais importante para vocês dois. Talvez seu maior sonho seja viajar pelo mundo. Vocês incorporaram isso nas decisões que tomam diariamente juntos? Se uma vida que inclui destinos exóticos se encaixa na sua definição de extraordinário, é isso que vocês estão buscando?

Fazer algo extraordinário da sua vida a dois pode começar com a visão e a determinação de apenas um de vocês. Você pode ter de ficar com a parte do leão da motivação. Felizmente, a maioria das pessoas têm um desejo secreto de viver uma vida especial com uma pessoa especial. Se você tratar de imaginar e de promover um relacionamento que paira acima do ordinário, sua parceira adotará sua visão.

Mas são necessárias duas pessoas para criar uma imagem sólida do que vocês realmente querem ser e fazer juntos. Além de concordar que desejam ter uma vida extraordinária como um casal, dediquem algum tempo às fantasias. As mudanças que as pessoas são capazes de efetuar depois que identificam o que querem são impressionantes. Casais têm abandonado empregos com ótimos salários no mundo empresarial para abrir pequenos negócios de bairro que podem operar e fazer crescer juntos. Pessoas se mudaram de lugares onde suas famílias viveram a vida inteira para se estabelecer em um clima ou paisagem com os quais descobriram ter uma afinidade especial.

Outros resolveram trabalhar como voluntários em atividades de caridade em outros países ou em programas hospitalares.

São tantas as possibilidades que seria necessário uma biblioteca inteira para explorar todas elas. A melhor pesquisa é aquela que você e a sua parceira fazem, a começar pela descoberta de quais sonhos e quais oportunidades da vida são mais significativos e apaixonantes para vocês. Busquem algo melhor do que uma vida comum, e provavelmente vão encontrar.

38

AMPLIE O *SEU* ALCANCE

É fácil ignorar as perdas sutis, mentais e físicas, que sofremos com o passar do tempo. Elas normalmente ocorrem tão devagar que nem as notamos, até o dia em que, de repente, descobrimos que o que antes era fácil transformou-se num desafio muito sério para nós. Tais perdas acontecem quando deixamos de enfrentar diversas características nossas. Instala-se a atrofia, e com ela um descontentamento que se concentra nos menores aborrecimentos e decepções dentro de nós.

É aí que uma curva de aprendizado disciplinada entra em ação. É claro que às vezes há motivos para as mudanças na sua capacidade física e mental. Doenças e acidentes podem provocar danos irreparáveis. A juventude é inevitavelmente substituída pela meia-idade e pela velhice, se você tiver sorte de viver tanto. Mas o seu espírito só murcha se você capitular em favor da inércia e cessar de procurar um nível mais elevado.

Quando foi a última vez que você buscou uma opinião que desafiasse um dos seus pontos de vista já estabelecidos? Ouvir com atenção as vozes alternativas – pela leitura, assistindo a palestras ou se envolvendo com diversas pessoas – dá elasticidade aos seus preconceitos. Estimula a repensar suas conclusões e a considerar outras possibilidades.

Com que freqüência você procura fazer uma coisa que nunca fez antes? Pode não ser esquiar montanha abaixo, mas que tal participar de uma maratona de caminhada patrocinada por alguma instituição de caridade? Ou tomar parte do concerto comunitário dos feriados? Ou assistir a uma aula de culinária? A simples iniciativa de se envolver em algo novo pode aumentar seu círculo de relacionamento.

Quando é que você dá espaço para pessoas de gerações e culturas diferentes das suas? Você vai a lugares e participa de eventos que incluem jovens e crianças? Quando sai do seu território familiar, você se estica e cresce para acomodar novas experiências, pessoas e informações?

Ir além dos seus limites estabelecidos amplia seu espírito e aumenta seu auto-respeito. Você pode continuar a se desafiar e a desenvolver a sua personalidade até o fim dos seus dias. Com a mente sempre ágil procurando novas idéias e o espírito sempre animado com interesse em outras pessoas, você continuará a ampliar sua visão do mundo, sua sabedoria e sua agilidade interior.

39
SAIBA QUEM VOCÊ É

Na escola, quando crianças e jovens, entendemos que a educação é um conjunto de fatos que precisamos saber antes de atingir a maturidade. Mas quando terminamos o ensino médio ocorre uma mudança sutil. Não há falta de dados concretos à nossa disposição para aprender, é claro, e, dependendo da direção que tomamos, podemos ter uma enorme distância à nossa frente para viajar através dos programas acadêmicos e técnicos de ensino. Mas à medida que o tempo vai passando descobrimos uma outra curva de aprendizado na qual todas as outras terão de se basear se quisermos ter uma vida significativa.

Para alguns, o despertar acontece quando chega a hora de escolher a faculdade, um emprego, ou uma pessoa para ter um relacionamento sério. Existem inúmeras possibilidades, e às vezes as pessoas não enxergam qualquer opção que se destaque do resto. Elas adotam a abordagem "uni duni tê", ou cedem às pressões de mentores ou colegas. A questão básica muitas vezes não é se elas estão a par dos fatos e das habilidades externas. É o que elas sabem ou não sabem sobre elas mesmas.

O autoconhecimento nos dá uma base bastante sólida sobre a qual podemos construir todos os aspectos de uma vida bem vivida. Mas temos de conquistá-lo. Precisamos nos tornar sujeitos do nosso próprio escrutínio e da nossa avaliação. Temos de aceitar as lições árduas e o inesperado.

Arrume tempo para se conhecer bem. Você precisa de momentos tranqüilos dedicados à reflexão e à introspecção. É praticamente impossível se compreender melhor à luz das suas experiências e reações emocionais se você nunca analisa nada.

Deixe o sofrimento ser um dos seus mestres. A dor psicológica diante da perda, do fracasso, do constrangimento e do medo tem o potencial de servir de prevenção. A dor pode oferecer lições inestimáveis sobre como você reage, quem e o que importa para você, e por que alguns aspectos da sua vida não estão funcionando. Pode também revelar a distância que há entre o que e quem você queria ser, e a realidade.

Deixe a paixão guiá-lo. Os acontecimentos, lugares e pessoas que o estimulam têm algo a ensinar. É neles que você vai descobrir seus dons e interesses únicos. Quando você segue seu coração, você se encontra no processo e o resto começa a se encaixar.

40

SEJA UM TORCEDOR
EM VEZ DE UM CRÍTICO

Quando se trata de críticas, ninguém vai tão direto ao ponto quanto a pessoa que o conhece mais intimamente. Sendo alvo de críticas por algum tempo, você pode acabar se sentindo muito solitário e rejeitado, e pode perder a autoconfiança. Pode ser seu crítico mais impiedoso. É claro que esse cenário não contribui para um relacionamento feliz.

Ninguém pode competir com você se você resolver ser o fã mais ávido do seu parceiro. Da mesma forma que você se priva das fraquezas do seu parceiro, você tem uma visão privilegiada das suas qualidades. Sabendo tudo que você sabe, opte por enfatizar o que há de bom e a mensagem será realmente muito poderosa.

Seja sincero na sua torcida e ofereça seu apoio livre de encargos. Se estiver pensando em obter algo em troca, comprometerá o que disser em sua credibilidade e solidariedade. Mais importante do que tudo, ofereça a sua torcida no contexto do amor. Se você disser palavras de apoio apesar da possibilidade de um resultado decepcionante, estará comunicando muito sobre o respeito e a confiança que sente e sobre a sua maturidade. Na verdade, você diz: "Vá em frente e faça o melhor que puder. O pior que pode acontecer é não ter sucesso, e isso não faz mal nenhum tampouco."

Critique uma pessoa bastante tempo e acabará vendo que essa pessoa corresponderá às suas previsões mais negativas. Em vez disso, faça um esforço para notar as melhores qualidades dessa pessoa e você e seu parceiro logo estarão descobrindo ouro juntos. Você será uma presença segura e protetora no universo do seu parceiro, a presença que todos nós precisamos num mundo que tem críticos demais.

41

SUPONHA APENAS O MELHOR

Fazer suposições sobre os atos das pessoas pode provocar um efeito profundo no modo que você recebe e reage à informação. Uma mesma situação pode enchê-lo de alegria ou de angústia, dependendo do que você conclui.

Suponha, por exemplo, que o seu parceiro chega em casa certa noite com um belo buquê de flores. Talvez vocês dois estejam passando por muitos momentos tensos ultimamente. Você pode ficar desconfiada das motivações dele. Ele está se sentindo culpado de alguma coisa? Ele acha que você vai simplesmente esquecer o que ele disse a noite passada? Você tira uma conclusão negativa, privando o outro de um gesto que pode muito bem ser sincero, e a beleza das flores se perde na sua avaliação.

Na verdade, por mais desconfiada que você esteja sobre as intenções do seu companheiro, a menos que receba a informação diretamente dele ou tenha provas irrefutáveis, *você não pode saber* o que acontece dentro da cabeça daquela pessoa.

Não fará bem nenhum concluir que suas motivações são negativas. Se tiver de supor algo, que seja o melhor, até prova em contrário.

Você talvez tenha experiências passadas que dão colorido vivo ao seu ponto de vista e que dificultam imaginar o melhor. Nesse caso, opte por esperar para ver. Não conclua nada. Se seu parceiro oferecer uma explicação que não convence, espere um pouco. Se o que ouviu foi a verdade, outros detalhes aparecerão para corroborar a sinceridade e a honestidade do seu parceiro. Se ele, no entanto, não foi sincero, isso também vai aparecer.

Você acrescenta muitas horas de sentimentos negativos ao seu relacionamento mais importante quando tira conclusões. A vida é curta demais para criar uma tempestade com base no que você não sabe. Se estiver determinado a tirar conclusões, a supor o significado de algo, a imaginar o que acontece quando você não está por perto, ou o que a outra pessoa está pensando, então conclua o melhor. Se, por outro lado, você preferir fundamentar seus atos, pensamentos e planos no que está bem diante dos seus olhos, então discipline a sua imaginação e elimine por completo as suposições. Faça um esforço para descobrir a verdade, ou deixe que a verdade apareça no seu próprio tempo. Ao agir assim, você aumentará a paz na sua vida e oferecerá o máximo de dignidade ao seu parceiro.

42

CRIE UMA ATMOSFERA
DE TOLERÂNCIA

Transportes rápidos, comunicação instantânea e uma quantidade crescente de fertilização cruzada na mídia, nas artes e no entretenimento proporcionaram uma diversidade espantosa em nosso dia-a-dia. O efeito de rede é uma conscientização cada vez maior de que as pessoas existem em todos os tamanhos, formas, cores e culturas. A tolerância se transformou na pedra de toque das sociedades civilizadas.

Mas talvez não seja de todo surpreendente que as lições positivas sobre a tolerância às vezes parem do lado de fora da nossa porta. Porém as mesmas idéias se aplicam. Há diferenças entre casais que têm a ver com opiniões, personalidades, qualidades, hábitos, gênero, religião, criação, família e educação. Tais diferenças exigem que você e o seu parceiro criem e mantenham uma atmosfera de tolerância entre vocês.

"Tolerância" significa apreciar o que é significativo para o seu parceiro, mesmo quando você não é capaz de entender. Talvez você tenha sido criado numa família que sempre esteve se mudando de um lugar para outro. Você pode ficar inquieto de ficar num mesmo lugar muito tempo. Mas, se a sua parceira passou a vida toda na mesma cidade natal, a necessidade de mudar pode não lhe agradar. Vocês podem negociar essa diferença como quiserem, mas comecem dando valor à diversidade das experiências e dos desejos de ambos. Imagine criar raízes e jogar bridge uma vez por semana com um amigo do jardim de infância! Por outro lado, imagine começar tudo de novo com pessoas novas e novas possibilidades de tempos em tempos.

Tolerância também significa aceitar as crenças do seu parceiro, mesmo que não sejam as suas. As convicções das pessoas fazem sentido para elas. Parte do respeito que você deve ter pelo seu parceiro é aceitar essas convicções. Talvez com o tempo você possa desenvolver as crenças que os dois têm em comum. Mas pode ter certeza de que elas não vão se desenvolver a partir de um espírito de animosidade ou de proselitismo. Elas crescerão no contexto de amor e aceitação.

Se vocês não foram criados numa mesma cultura, pode achar alguns aspectos da vida familiar da sua parceira irritantes ou invasivos. No entanto, se essas práticas têm importância para ela, será uma injustiça insistir que as suas preferências são a lei. Descubra maneiras de associar ou misturar culturas diferentes para todos ficarem contentes. No centro de tudo isso, a sua prioridade deve ser o amor e o respeito que um lar tolerante exige.

43
NÃO CUTUQUE A FERIDA

Machucados acontecem de diversas formas durante a vida. Arranhões e cortes dão lugar a emoções magoadas e egos feridos. Quando somos adultos e temos um relacionamento romântico saudável, é mais provável sentir a dor da guerra das vontades, das pequenas traições e das incompreensões. Essas feridas também doem. Também levam algum tempo para cicatrizar. E nós também temos a mania, como quando éramos crianças, de cutucar nossas feridas.

Um ferimento precisa ser limpo. Se você sai machucado de um problema no seu relacionamento, encare isso de frente e confesse para o seu parceiro. Não precisa começar uma briga. Basta dizer: "Quando aquilo aconteceu, eu me senti assim e estou tendo dificuldade para superar isso." Na melhor das hipóteses, vocês conversam, vertem algumas lágrimas juntos e perdoam.

Quando você perdoa, esquecendo ou não a origem da dor, precisa deixar a ferida cicatrizar. Se continua carregando sua dor por aí, se fica cutucando a ferida ou tirando a casquinha, é porque não perdoou. Enquanto você ficar cutucando a ferida, continuará a sangrar. Perdoar à pessoa que feriu você o liberta da ofensa e promove a cura. A metáfora física pode servir para lembrar que você precisará de paciência nesse processo, e que a cicatriz ficará quase imperceptível.

Um relacionamento íntimo – especialmente quando os dois moram juntos – inclui inevitavelmente discordâncias, mágoas e brigas. O que aconteceu uma vez pode acontecer de novo. E quando acontece pode funcionar como um sistema de baixa pressão sobre uma ferida antiga. Você pode estar curado e nunca pensar no velho ferimento. Então um dia as nuvens chegam, a chuva cai e você começa a mancar. Você não pode fazer grande coisa a respeito das lembranças e dos sentimentos que afloram nessas ocasiões – mas você pode certamente resolver jogar limpo dessa vez.

Atenha-se ao problema específico. Ninguém consegue ficar constantemente consertando tudo de errado que acontece num relacionamento íntimo. Quando discutir problemas novos, resista a qualquer tentação de cutucar antigas feridas. Repita o processo de admitir a sua dor, de limpá-la e de perdoar quem a provocou. Deixe as feridas antigas latejar, se preciso for, mas não toque nelas, permita que cicatrizem.

44

RIA COM FACILIDADE

Diante do estresse da vida, o riso pode suavizar a carga psicológica que carregamos. Ele ajuda a não levar as coisas tão a sério e nos livra do mau humor. Quando você sorri, a química do corpo se modifica para acabar com a tristeza ou para aliviar a angústia. E o riso também é muito útil num relacionamento. No momento em que você tem vontade de atirar um sapato ou cair em pranto, você pode ter um vislumbre inesperado de como aquela briga é ridícula, e de repente sentir vontade de rir.

É claro que uma risada também pode ser cruel ou destrutiva. Há uma grande diferença entre uma boa gargalhada à moda antiga por causa de uma piada tradicional, e a risada à custa da auto-estima ou dignidade de alguém. Observe algumas regras básicas para preservar a bênção do riso e tornará sua vida mais alegre.

Primeiro ria de você mesmo. As pessoas que fazem isso são muito finas e divertidas.

Evite provocações. Usar a provocação como motivo de riso faz com que você seja cáustico. O humor reside na verdade por trás da provocação. Às vezes a pessoa que você está ridicularizando pode levar na brincadeira e achar graça, mas não é um risco que valha a pena correr. É muito fácil tocar num nervo exposto e causar dor.

Divida sempre a piada. A risada inexplicada pode ser muito desconcertante. Se você achou graça em alguma coisa que não quer partilhar, pergunte-se por quê. Você pode estar brandindo o humor como uma arma ou alimentando atitudes negativas. A risada só é um bom remédio se dividida.

Deixe o riso expressar suas alegrias mais profundas e seus maiores prazeres com sua parceira. Um sorriso sincero de orelha a orelha quando vocês estiverem curtindo um bom momento é mais valioso do que uma dúzia de afirmações de que você gosta, e dá valor à pessoa com quem está.

45
APRENDA A ARTE DA RETIRADA ESTRATÉGICA

Há momentos em que todos nós precisamos demais de um pouco de paz e solidão. Algumas pessoas preferem despertar bem devagar, ruminando as próprias idéias. Outras precisam de uma meia hora de descompressão depois do trabalho ou ficar cuidando dos filhos, antes de se relacionar com qualquer pessoa. Ou então podemos precisar de um pouco de tempo no meio de um problema para acalmar e pensar melhor. Quem mora sozinho tem esse tempo e espaço à vontade. Mas para quem mora com o companheiro ou companheira isso não é tão garantido assim.

Pequenas coisas podem se transformar em problemas maiores quando um dos dois não tem momentos sozinho ou espaço emocional. Muitas vezes sinais sem palavras que são específicos do seu parceiro podem alertá-lo para essa necessidade. Reconhecer que a retirada é uma opção em tais casos pode prevenir alguns aborrecimentos desnecessários para você. Mas para ser justo um com o outro talvez existam formas melhores de sinalizar a necessidade de solidão do que esse tratamento silencioso, respostas monossilábicas ou mau humor.

Esse é definitivamente um assunto que se deve discutir a dois quando não for o problema do momento. As necessidades que as pessoas têm de espaço variam muito e, para uma pessoa muito sociável e falante, as preferências de uma outra pessoa mais solitária podem parecer bem misteriosas e até um pouco ofensivas. Quando você abre a porta para a conversa sobre o assunto, também tem a oportunidade de descobrir formas menos estressantes de se comunicar um com o outro quando chegar o momento de uma retirada estratégica. Não é difícil dizer "Estou precisando mesmo de um espaço agora. Vamos conversar daqui a pouco", ou "Quero ficar sozinho neste momento. Não precisa se preocupar". Concordando que a necessidade é legítima e decidindo como comunicar isso quando for necessário, você dá uma grande vantagem ao seu relacionamento, e ao seu parceiro uma demonstração maravilhosa de respeito.

46

OFEREÇA A MÃO
UMA VEZ POR DIA

Você está sempre negociando num relacionamento íntimo. Qual será a contribuição de cada um para as despesas e para a renda do casal? Quem fica com o carro novo? Quem resolve para onde os dois vão quando saem à noite? Vocês negociam como forma de expressar e de manter seu amor um pelo outro, buscando um equilíbrio que pareça justo e mutuamente satisfatório.

Quando vocês estão dispostos a negociar, podem cuidar para que cada um seja tratado da mesma forma que o outro. O relacionamento é justo e pacífico. É fazer acordos, um contrato de sintonia. Você pode dizer que sua vida com seu parceiro se parece muito com um acordo comercial em muitos aspectos. Mas a intensidade emocional de um relacionamento íntimo exige muito mais do que um bom contrato.

Um relacionamento baseado unicamente no cumprimento das obrigações deixa muito espaço para dúvidas e descontentamento. Não é que você não esteja fazendo o que disse que faria. É que parece que não se importa de fazer mais. Quando existe essa predisposição num casal, ela pode provocar milhares de pequenas mágoas que se tornam impossíveis de definir ou tratar, mas que com o tempo acabam se acumulando.

Quando você vai além do combinado e do que é esperado dos seus acordos negociados, você declara o seu amor. Talvez isto implique apenas se oferecer para fazer uma tarefa que normalmente quem faz é a sua parceira. Talvez arrumar a bagunça da sua parceira, chegar em casa com flores sem nenhum motivo especial, ou conseguir ingressos que significam muito para ela. As formas que você encontra de ir além do que foi negociado se acumulam e têm tanto significado quanto as vezes em que você age com negligência. Quando você for afetuoso, não diga apenas "Eu te amo", mas também "Obrigado por me amar".

47
SEJA O PARCEIRO QUE VOCÊ GOSTARIA DE TER

Em algum ponto do século passado, os cientistas tiveram uma idéia espantosa. Mais tarde encapsulada no Princípio da Incerteza de Heisenberg, diz mais ou menos o seguinte: como vivemos num universo de relacionamentos, não podemos estudar ou observar qualquer parte dele separada das outras partes ou de nós mesmos. No simples ato de observar já produzimos um efeito. Nós modificamos o que estamos estudando pelo simples fato de estar estudando.

Nos relacionamentos humanos, às vezes adquirimos o hábito de ver os outros e nós mesmos como entidades fixas. Eventualmente essa atitude funciona bem para nós. Os traços ou hábitos que poderiam nos tirar do sério são relegados a "essa pessoa é assim mesmo". Damos de ombros filosoficamente e seguimos em frente.

Mas quando o efeito acumulado dessas coisas gera uma infelicidade séria, um ponto de vista imutável do seu parceiro, seu relacionamento, ou você mesmo, se torna tão problemático quanto os problemas que perturbavam você no início. Você passa a achar que jamais será feliz a não ser que seu parceiro mude. Mas você não acredita que isso seja possível.

Considere o princípio de Heisenberg. Talvez seu parceiro se recuse a mudar. Isso não quer dizer que você não possa mudar. De acordo com Heisenberg, uma parte do que você observa e experimenta tem relação direta com você. Se você mudar, tudo em sua volta mudará em relação a você. E isso inclui seu parceiro.

É óbvio que a sua mudança terá ramificações. Resolva ser a pessoa – e o companheiro – que você quer ser agora. Se a sua infelicidade não estiver definida, descubra o que você quer para o seu relacionamento. Não descanse até saber o que está procurando e o que precisa para conseguir isso.

Tendo feito seu dever de casa, mãos à obra. Identifique apenas uma maneira de mudar seu modo de pensar ou agir para se parecer mais com o parceiro que deseja ser e que queria ter. Pratique diariamente e conscientemente até virar um hábito. Depois incorpore outra mudança, e assim por diante.

Há uma satisfação e um poder enormes em assumir a responsabilidade pela nossa felicidade. Além disso, o Princípio da Incerteza de Heisenberg vem bem a calhar quando você muda. O seu parceiro não pode reagir da mesma forma a uma pessoa diferente. Quando você se modifica, o seu relacionamento se modifica. Você não pode perder porque estará se transformando no que quer.

48

ENCONTRE MOTIVOS PARA DIZER OBRIGADO

Quando você ama alguém, você quer que esse alguém se sinta seguro com o seu amor e aproveite a paz que vem com essa segurança. No entanto, você também quer saber que lhe dão valor, lembram de você e compreendem você. Você quer ouvir "por favor" no início de um pedido, e "obrigado" no fim de um ato de bondade. A cortesia envia uma mensagem que diz que você é muito importante para o seu parceiro. É uma maneira de demonstrar o reconhecimento de que a outra pessoa merece a sua atenção e o seu respeito.

Examine o seu comportamento e faça ajustes. Para começo de conversa, não jogue fora as cortesias junto com as formalidades. É tão fácil relaxar quando você lembra de dizer por favor e obrigado quanto quando você não lembra. Ter um parceiro significa que você terá de lembrar o tempo todo de dois conjuntos de sensibilidades e de exigências. E parte de ser atencioso com seu parceiro é demonstrar, por meio de gentilezas, que você ama e se importa.

Pessoas que foram criadas de formas diferentes, que tiveram uma educação diferente, podem interpretar a cortesia de diversas maneiras. Faz parte do respeito que você tem pelo seu parceiro aprender e respeitar as cortesias que são especialmente significativas para ele. Você certamente pode praticar boas maneiras do modo que preferir pessoalmente, mas alargue seus horizontes para incluir também as gentilezas que são importantes para o seu parceiro.

Acima de tudo, procure ativamente oportunidades para demonstrar cortesia com a sua parceira. Observe tudo que ela faz de grande e de pequeno para cuidar dos seus sentimentos e dos seus interesses, mencione isso para ela e diga obrigado. Não importa se o que sua parceira está fazendo é parte do acordo que negociaram um com o outro. A opção de ser fiel ao acordo já merece um muito obrigado.

49
CURVE-SE QUANDO O VENTO SOPRA

Os conflitos num relacionamento são muito parecidos com o vento, que surge sem aviso e sopra com mais ou menos força. Para o relacionamento prosperar apesar dos conflitos que acontecem como um vento indesejado, você tem de aprender a se curvar a cada lufada, como fazem as árvores.

O que significa se curvar? Não significa manter a paz a qualquer custo. É claro que há conflitos nos quais a auto-estima, o sentido de justiça e a integridade pessoal exigem reações fortes. Curvar-se também não significa estar "acima de tudo". Uma atitude condescendente com sua parceira vilipendia o sofrimento dela e torna praticamente impossível uma comunicação sincera. E finalmente, curvar-se não significa esconder-se. Pode parecer tentador simplesmente ficar na moita com a intenção de evitar enfrentar o problema, mas quando o vento do conflito soprar novamente ele dará mais força, provavelmente indevida, ao problema.

Curvar-se significa deixar a primeira explosão do conflito amainar antes de você reagir. Quando você sentir que está sendo atacado, pode querer contra-atacar rapidamente como forma de autodefesa, ou pode querer fugir. Essas inclinações naturais são chamadas de "instinto de luta ou fuga". Num relacionamento íntimo, esse instinto raramente atende aos seus interesses, porque provoca o efeito de acabar com o conflito sem uma comunicação eficiente.

Curvar-se significa parar um pouco e deixar suas emoções esfriarem depois que a ventania acaba. Imagine uma árvore fustigada pelo vento. Ela se curva para um lado para não se quebrar mas depois de um tempo volta à posição original. Só quando ela fica imóvel de novo é que recupera sua boa forma.

Acima de tudo, curvar-se significa manter seu ser interior firmemente plantado na realidade do seu relacionamento amoroso. Para isso, você precisa se exercitar mental e emocionalmente. Diante das críticas ou da agressividade da sua parceira talvez seja difícil enxergar a pessoa que você ama. Mas se você tentar manter uma visão verdadeira dela nos momentos mais calmos, observando regularmente o que acha adorável e acumulando essas imagens positivas, você terá um recurso para usar nos maus momentos. Isso é útil para você prescindir das suas defesas naturais e poder ouvir o que está realmente incomodando a sua parceira.

50
SABOREIE CADA MORDIDA

Em geral as pessoas não notam ou não dão valor a cada momento e aos pequenos prazeres da vida. Arrumam sempre um monte de coisas para fazer cada dia e depois não sabem por que não têm prazer na vida. Enquanto elas continuarem nessa correria toda não poderão ver as placas que indicam a saída que poderia levá-las a alternativas melhores.

Quando as pessoas que comem demais procuram ajuda para perder peso, muitas vezes são aconselhadas a rever seus hábitos alimentares. Elas comem de pé diante da geladeira aberta? Fazem lanchinhos enquanto preparam as refeições? Os especialistas explicam que quando se alimentam com pressa ou distraídas, as pessoas que comem demais não têm a satisfação emocional que o alimento devia proporcionar, e isso faz com que continuem comendo.

Um dia da sua vida pode incluir um cardápio fabuloso de alimento potencial. Parte será de comida mesmo, mas outra parte será intelectual, emocional e espiritual. O seu sentido de satisfação no fim do dia dependerá menos de quanto ou do que você escolheu para preencher seu dia e mais de como você o viveu.

Dizem para as pessoas que comem demais que elas devem planejar cada refeição para que tenha valor nutritivo e para que seja atraente. Elas transformam o ato frenético de comer – que é a automedicação para o tédio, a depressão ou a angústia – em um ato que fornece alimento para o corpo, para a mente e para o espírito.

É difícil argumentar contra essa fórmula na vida em geral. Comece planejando como será seu dia. O seu ser físico precisa de cuidados e de alimento. A sua carreira tem suas necessidades específicas. Sua parceira requer sua atenção, assim como os filhos, animais de estimação e outras responsabilidades que você aceitou na vida. Mas a maioria dos dias também inclui momentos de circunspecção. Avalie o que fornecerá o equilíbrio entre a atividade e a reflexão, o trabalho e o lazer, a responsabilidade e o descanso. Um dia que não inclui itens para recarregar o seu espírito é um dia subnutrido.

Enquanto você vive o dia que resolveu ter, analise de que forma faz isso. Se estiver trabalhando duro, por exemplo, faça apenas isso naquele momento. Planeje quanto você fará nessa ocasião para que tenha tempo de terminar antes de parar, mesmo que seja apenas um pequeno estágio de um plano maior. Depois, pare e aprecie o que fez.

Fazer esse tipo de análise de cada parte da sua vida diária vai transformá-la. Quando você planeja, está completamente presente no que faz e depois saboreia isso, você tira conclusões que podem ajudá-la a ter uma vida plena e também muito gratificante.

51
NÃO FAÇA PRISIONEIROS

Já foi dito que "no amor e na guerra vale tudo". Infelizmente, se você conduzir sua vida amorosa de acordo com esse ditado, o amor muitas vezes se transforma em guerra mesmo. Não há nada melhor para um relacionamento amoroso do que uma atitude constante de justiça, e nada provoca mais danos à confiança e ao respeito do que a falta dela.

O que é o espírito esportivo ou a justiça num relacionamento? Tem base na compreensão mútua do casal. Você deve dizer "isso é bom e isso não é", quanto a uma grande variedade de assuntos. Num relacionamento romântico, o que nos vem à cabeça são questões de fidelidade e de sinceridade. As questões que exigem consideração são como lidar com as divergências, como tratar os sogros ou ex-marido e ex-mulher, e de que forma vocês dividem o trabalho doméstico. Por trás disso tudo existe um conjunto de normas aceitas pelos dois que define o jogo limpo – não só em geral, mas para você individualmente também.

A tensão surge para o casal quando nunca tiveram esse tipo de entendimento. Nesse caso, a primeira coisa que precisa acontecer é um tempo para discutir algumas regras e parâmetros. Se vocês nunca deram atenção às "regras" do seu relacionamento, façam isso agora.

Supondo que vocês têm um entendimento mútuo sobre o que constitui essas regras, considerem isso como um adendo: não é justo modificar as regras no meio do jogo. Se você acha que precisa reconsiderar alguma coisa, certifique-se de fazer isso como um time. Para modificar um acordo é necessário que as duas partes se envolvam nessa mudança e que fiquem satisfeitas.

Em qualquer relacionamento surgem muitos problemas que não têm uma resposta bem definida, mesmo no contexto de um entendimento bem articulado entre os dois. Quando aparecer alguma coisa ambígua, trabalhem nela juntos, com complacência e cortesia. Evitem também o ataque sorrateiro: quando você tem um assunto a tratar mas quer a garantia de que sua parceira reaja de acordo com os seus desejos. Você menciona o problema na frente de outras pessoas para sua parceira não poder discordar. Isso é uma chantagem que mina rapidamente a qualidade do seu relacionamento. Quando estiver tratando de um problema, não faça prisioneiros. É injusto fazer dos filhos, dos pais ou dos amigos reféns das suas vontades.

O mais importante é que o seu relacionamento melhore sempre. Então você terá algo sólido e gratificante sobre o qual construir sua vida.

52
DIVIDA O TRABALHO

Manter a casa funcionando bem e com um mínimo de estresse requer boa administração e cooperação. Mesmo assim, o estresse aparece em relação aos problemas domésticos e, por menores que sejam, pode ser difícil manter a perspectiva correta quando você tem de encarar aborrecimentos toda vez que chega em casa. Vale a pena tomar algumas providências criativas para manter esses pequenos problemas em seu devido lugar.

Por exemplo, quando os casais dividem as tarefas domésticas logo que começam a vida a dois, eles podem resolver quem faz o quê baseados nas tradições da casa dos pais deles ou segundo as preferências e qualidades de cada um. Mas muitas vezes essas decisões precoces deixam a desejar. As qualidades acabam não sendo tão boas assim, as preferências mudam, e o modelo dos pais não se aplica por se tratar de uma época diferente, de personalidades diferentes e de um estilo de vida diferente. O estresse cresce.

O estresse também pode crescer pela simples necessidade humana de variedade e de revitalização. As tarefas domésticas podem ser muito ingratas. Mal as roupas foram lavadas e passadas e já estão de volta no cesto de roupa suja. Um dia depois de uma boa limpeza as superfícies já estão cobertas de poeira de novo. Não há como manter a pia da cozinha livre de pratos para lavar.

Um arranjo bem simples como a troca periódica de funções na casa pode ter um efeito surpreendentemente positivo. Evita o tédio, dá uma nova visão a diversas tarefas e faz com que cada um passe a dar valor ao que o outro faz. Você pode também gerar energia nova se transformar uma tarefa que é executada por uma pessoa só num trabalho de equipe de vez em quando. Além de reduzir o trabalho à metade, vocês ainda têm o prazer de estarem juntos.

Uma coisa que talvez seja a mais estimulante de todas – sem mencionar que é a mais carinhosa – é dar férias um ao outro periodicamente. Um de vocês pode concordar em ficar com o trabalho todo por uma semana. Ou vocês dois podem decidir que não precisam fazer uma parte das tarefas domésticas por um tempo. Melhor ainda, se os recursos permitirem, o casal pode contratar alguém para fazer o que normalmente fazem sozinhos.

Sejam quais forem as suas soluções, mantenham o trabalho doméstico fora da área de estresse, dando a ele um pouco de atenção criativa. Não vale a pena brigar por causa disso.

53
FAÇA UM INTERVALO

Passar um tempo longe um do outro pode funcionar como um tônico poderoso para pequenos aborrecimentos. Um tempo em empregos separados ou em atividades ou empresas diferentes pode certamente gerar algum efeito estimulante. E fazer um curso ou se envolver num trabalho comunitário sozinho também. Mas às vezes o que vocês realmente precisam é sair de verdade, tirar umas férias do parceiro, sem compromisso nenhum além de descansar.

Você pode simplesmente passar um dia ou um fim de semana numa cidade próxima de que goste. Ou pode viajar para visitar um amigo distante ou um parente e curtir raros momentos de qualidade sozinho. Talvez possa fazer uma viagem de pesquisa para estimulá-lo no trabalho. Ou ainda fazer algum tipo de retiro que se concentre na sua vida espiritual e renove a ligação com a sua fé.

Passar algum tempo separados tem a notável capacidade de estabelecer novas perspectivas para vários aspectos da vida a dois. O seu relacionamento pode ficar sufocante sem essas escapadas periódicas. Não é surpresa nenhuma você começar a ter reações exageradas ou a sentir diversos tipos de estresse. Quando você estiver longe do seu parceiro, ligue-se a um número maior de pessoas, experiências e preocupações, e vai redescobrir que você mesmo e o seu relacionamento representam uma pequena parte de uma realidade maior.

É claro que há um benefício extra nessa separação, que é o reencontro de vocês. A primeira visão que você tem da pessoa que ama pode representar um vislumbre da pessoa que você conheceu e por quem se apaixonou. Pode atrair a sua atenção para traços e peculiaridades aos quais você normalmente não dá mais valor. E pode renovar o seu prazer em ter alguém com quem dividir sua vida e seu amor.

Assim como você precisa recarregar de vez em quando, sua parceira também precisa. Ofereça a ela a oportunidade de tirar umas férias também. Quando você fizer isso estará respeitando a individualidade dela, terá uma visão nova do lar sem sua parceira assim como a oportunidade de criar uma recepção para ela, uma verdadeira renovação do ar na atmosfera do seu relacionamento.

54
MUDE O CENÁRIO

Logo que os artistas impressionistas apareceram no cenário da segunda metade do século XIX, eles surpreenderam o mundo com as novas maneiras de aplicar a tinta e de usar as cores. Como é que eles captavam coisas da vida comum e as formas tradicionais e as transformavam daquele jeito? Por trás dos seus novos métodos havia uma nova percepção das coisas. Quando estudavam seus modelos não era no objeto concreto em que se concentravam, e sim nos efeitos da luz e na atmosfera que o cercavam. O objeto concreto permanecia imutável, mas a forma como se apresentava e a maneira de representá-lo era diferente para cada mudança da luz que se refletia em sua superfície e na paisagem à sua volta.

Existe uma forte tendência para o comum e o tradicional num relacionamento íntimo. Você passa a compreender seu parceiro e você mesmo em termos e contextos fixos. De muitas maneiras, a estrutura sólida que os representa em relação ao outro e as convenções que acompanham essas estruturas dão força e segurança ao seu relacionamento. Mas, por outro lado, vocês podem ficar tão presos ao que consideram a realidade objetiva – suas percepções de suas identidades individuais, preocupações mútuas, histórias e planos para o futuro – que perdem a capacidade de serem flexíveis e de crescer. Vocês deixam de ver os pequenos problemas em sua origem, e quando eles de fato aparecem vocês não têm a visão necessária para enxergar novas possibilidades e soluções.

Às vezes é necessário mudar literalmente a perspectiva para adquirir uma nova visão de um relacionamento ou de um problema familiar. Modifique o ângulo de visão que você tem do relacionamento. Muitas vezes os casais ficam tão envolvidos nas rotinas e nas urgências do dia-a-dia que não conseguem renovar os pontos de vista. Continuar fazendo o que sempre fizeram exige menos tempo e menos esforço.

Considere a vida de vocês como um casal. Quando foi a última vez que vocês planejaram um programa que precisasse de imaginação e pesquisa? Quando foi a última vez que enfrentaram o desafio de estar num ambiente completamente novo? É difícil superestimar o potencial de criar uma aventura compartilhada num terreno novo para vocês dois. Não precisa ser exótico ou distante, mas certamente pode ser. O simples ato de ir para um lugar diferente daquele que é familiar pode abalar as percepções mais rígidas e liberar vocês dois para uma visão nova e criativa do seu relacionamento.

Uma vida a dois precisa se abastecer regularmente com novas idéias e percepções para poder pairar acima da banalidade. Quando vocês se concedem um novo ponto de vista de tempos em tempos, estão dando combustível para a sua imaginação e revivendo o prazer da vida e de um com o outro. Daí pode nascer e crescer uma visão bela e de qualidade, que transforma o comum e renova sua perspectiva.

55

DÊ MAIS DO QUE
O NECESSÁRIO

Viver junto exige muita negociação. Mas às vezes essa divisão da vida a dois gera uma atitude mental que valoriza demais a contagem de pontos. Uma divisão justa do trabalho se transforma num marcador de placar, e a igualdade de dar passa a ser contada em cada detalhe. Conforme os anos vão passando, você se concentra mais nas insatisfações do que nas satisfações. E nesse processo você perde toda a esportividade que pode enriquecer um relacionamento amoroso e elevar o espírito humano.

Com que freqüência você faz algum favor incondicionalmente? Com que freqüência você dá mais do que o necessário? Isso envolve um esforço extra. Mas quando você faz isso descobre que possui mais recursos do que imaginava. E, além disso, talvez descubra que a sua capacidade de dar na verdade se expande, graças ao espírito com que oferece a sua doação.

Às vezes é bom dar simplesmente porque você pode dar. Faça alguma coisa para o seu parceiro pela gratidão que sentem um pelo outro. É muito triste acordar um dia sozinho e se arrepender do que você nunca disse ou fez quando teve a chance. Hoje é uma oportunidade que nunca mais volta.

Quando você faz uma doação, seja do seu tempo, de alguma tarefa doméstica, atividades, presentes ou palavras gentis, faça porque quer, e deixe a virtude ser sua própria recompensa. E assim ninguém poderá decepcioná-lo porque você não estará pensando no que pode receber em troca.

Lembre que dar é a linguagem essencial do amor. Você é um privilegiado se tem alguém com quem compartilhar a sua vida. O seu relacionamento por si só é uma dádiva que não deve ser desperdiçada. Deixe a sua doação falar do amor que você sente.

56

ACABE COM O BICHO-PAPÃO

❦

Os nossos medos podem ser bem semelhantes ao bicho-papão embaixo da cama que assustava você quando era pequeno – mais sombra do que substância e mais assustador porque não examinado. Se você não der passos positivos para resolvê-los, os medos podem se transformar numa presença freqüente ou constante na sua vida e no seu amor.

Você tem medo do que vai acontecer com aquela dívida enorme que você e seu parceiro assumiram? Você se preocupa com os problemas de saúde que observa em seus pais e nas ramificações potenciais para sua própria saúde no futuro? Você tem medo de que alguém descubra que você é uma fraude em alguma coisa? Todos esses são medos concretos que podem ou não ter justificativa, mas ficar carregando isso para cá e para lá como se fosse uma mochila velha só vai deixá-lo mais estressado e infeliz.

Antes de poder fazer algo construtivo em relação ao medo, você tem de admitir que ele existe e tem de nomeá-lo. No caso da dívida que não foi paga, por exemplo, você tem medo de perder tudo e de ser expulso da sua casa pelos credores? Você tem medo do que a dívida pode revelar sobre a capacidade do seu parceiro de avaliar os investimentos e de pagar as contas? Talvez você tenha medo de que as pessoas descubram que vocês não têm uma estrutura financeira equilibrada. Dar o verdadeiro nome aos seus medos é um passo essencial para superá-los.

Depois de ver a cara do seu bicho-papão você pode fazer alguma coisa a respeito. Em alguns casos, especialmente quando o seu medo tem uma origem concreta, o próximo passo é ensaiar os cenários possíveis e obter mais informação. Quais são as leis de inadimplência ou falência no seu estado? Há alguma coisa que você possa fazer agora para ajudar a consolidar a sua dívida? Suponha que seus amigos venham a descobrir. O que você espera, sinceramente, que eles pensem ou façam? Você realmente se importa com amigos capazes de julgá-lo por isso?

Alguns medos não têm respostas verdadeiras. O seu pai tem uma doença que provou ser hereditária em alguns casos. Você tem medo de contrair essa doença também. Talvez seu medo possa ser mitigado por meio de mais informações, testes ou atos positivos. Enfrentar a possibilidade de uma deficiência física no futuro com seu parceiro e fazer planos para isso pode ajudar. Em alguns casos, você talvez tenha de simplesmente reconhecer que não sabe o que vai acontecer, e resolva viver plena e alegremente o presente.

Há possibilidades assustadoras e incertezas na vida de todos nós. Podemos viver à mercê desses medos, ou podemos enfrentá-los, deixá-los para trás e aproveitar ao máximo cada dia que temos.

57

SEJA O SEU MELHOR AMIGO

A longo prazo, se você quiser manter a mesquinharia e as mágoas em seu devido lugar, seu principal recurso de autoestima precisa vir de dentro de você e não de fora. Você pode ter amigos e família que lhe dão apoio constante, e seu parceiro pode ser um milagre de solidariedade. Se esse é seu caso, você é um em um milhão – e mesmo com tudo isso enfrentará momentos nos quais seu fã-clube não estará disponível ou não saberá que você precisa dele. Você pode descobrir que tem de tomar decisões ou fazer coisas que não merecerão elogios de ninguém. Você precisa fazer o que é certo apesar da falta de apoio que sabe que terá de encarar. No interesse da integridade você tem de ser seu melhor amigo.

Para muitas pessoas esse é o maior desafio da vida. Desde criança somos encorajados a olhar para boletins escolares, ritos de passagem, prêmios por mérito e promoções para saber o que achamos de nós mesmos. Os relacionamentos se transformam em nossos espelhos, e o que vemos nas reações das outras pessoas serve para medir o valor que damos a nós mesmos. É preciso fazer um esforço consciente, refletir e ter coragem para superar essa dependência de autodefinição.

Para início de conversa, dê uma colher de chá para você mesmo. Você é uma obra em progresso. Nos seus melhores momentos, você ainda comete erros, faz besteira ou age tarde demais, cedo demais ou não age de jeito nenhum. Você é menos do que perfeito – como todo ser humano.

Depois de aceitar as suas limitações, dê crédito a você mesmo. A imperfeição não anula as qualidades que você tem ou o bom trabalho que você realiza. Suas tentativas merecem seu reconhecimento e respeito.

Para ser seu melhor amigo talvez a coisa mais importante a fazer seja cuidar de você. Trate de você como gostaria de ser tratado pelos outros e como gostaria de tratar seu melhor amigo. Certifique-se de arranjar tempo e de se esforçar para manter hábitos saudáveis. Alimente o seu espírito com práticas e cerimônias que o ajudem a desenvolver uma vida moral. Ofereça alimentos bons para a sua mente ruminar. Quando você presta realmente atenção a quem você está se tornando e ao que é sua vida de verdade, você passa a dar cada vez mais valor a você mesmo e a depender cada vez menos da confirmação das outras pessoas.

58

RESPEITE SEU CONHECIMENTO SECRETO

Um relacionamento íntimo transforma cada um de nós num depositário de informações secretas sobre o outro, desde os nossos erros mais tolos até nossos temores mais profundos e os nossos hábitos pessoais mais irritantes. Temos um certo prazer em conhecer e em ser conhecido. E descobrimos uma certa liberdade e alívio na companhia daquele alguém especial para quem abaixamos as defesas.

Mas a informação confidencial de uma parceira de vida também pode ser uma arma carregada e você pode ficar com o dedo nervoso no gatilho. Talvez você tenha uma disputa não resolvida, e ache ótimo ter uma platéia para divulgá-la. Ou talvez você esteja apenas procurando um bom material para relatar numa reunião, oferecendo o fato como se fosse uma história engraçada à custa do seu parceiro.

Seja qual for seu motivo, você pode ter certeza de que fez um buraco na trama da sua intimidade. Por mais insignificante ou inocente que você considere aquele detalhe que acabou de revelar, você traiu a confiança da pessoa que ama. E terá de pagar o preço, seja ele a mágoa do seu parceiro ou a decisão dele ou dela de responder ao fogo com fogo também.

Quando você resolve expor seu parceiro, imediatamente põe em risco a dignidade e a auto-estima dele. Por mais íntimos que vocês sejam, você não pode estar na pele do seu parceiro e sentir o que ele sente ou pensar o que ele pensa. Mesmo quando seu parceiro resolve juntar-se a você e partilhar segredos, você não pode ter certeza de que isso significa que não faz mal. Muitas vezes as pessoas escondem seus verdadeiros sentimentos na companhia dos outros para evitar que eles fiquem constrangidos. Assumem uma fachada de indiferença, mas ainda assim ficam magoados.

Pode acontecer do seu parceiro começar a contar histórias sobre ele mesmo e encorajar você a fazer o mesmo. Talvez alguns assuntos privados não incomodem seu parceiro. O problema é que você não pode saber quais assuntos são seguros, e tampouco garantir que essa avaliação não vai mudar. O que não tinha importância ontem pode ser um problema amanhã.

Só existe uma maneira de respeitar o conhecimento secreto que você tem: guardando-o para você. Se o seu parceiro iniciar o assunto, apenas sorria e deixe que ele o encerre. Se outras pessoas de um grupo resolvem que a conversa vai ser sobre segredos, mantenha sua boca fechada. Se você estiver com pessoas que adoram descobrir sujeiras, encontre um meio de dissuadi-las disso – ou trate de procurar outra companhia.

Quando tudo falhar, encontre um motivo para se desculpar se precisar. Acima de tudo, assuma a responsabilidade de usar esse conhecimento privado para alimentar uma conversa. Ninguém pode obrigá-lo a dizer qualquer coisa. O poder de falar é só seu.

59

JOGUE UMA BOLA DE NEVE

O seu relacionamento íntimo significa tudo para você. Nada tem mais importância do que fazê-lo dar certo. Você se empenha com afinco para ser parte da solução, não a causa de um problema. Seus esforços são valiosos. E o seu relacionamento sem dúvida se beneficiou com isso de uma forma que você nem imagina. No entanto...

Às vezes você pode ser apenas sério demais. É possível trabalhar demais num projeto – mesmo um que esteja no topo da sua lista de prioridades. Bons momentos e gargalhadas podem ter tanto valor positivo num relacionamento quanto o trabalho árduo e a intensidade. Seja mais leve e deixe o divertimento substituir o trabalho de vez em quando.

Só de brincadeira, procure passar um dia com uma câmera metafórica no seu ombro. Veja o lado mais leve de tudo. A verdade é que muita coisa que você carrega como frustração ou peso não possui um décimo do peso que você atribui. Você só precisa de uma lente diferente para olhar para essas coisas.

Além do mais, você descobrirá os momentos mais engraçados no que parece mais pesado e mais importante.

As emoções ficam melodramáticas. Gestos se agigantam. É claro que você deve ter cuidado para não fazer piada de um momento de melodrama. Mas o simples fato de encarar um drama com um sentido de absurdo é um passo numa direção mais leve.

O mais importante é viver os bons momentos. Entregue-se aos seus impulsos brincalhões de vez em quando. Jogue aquela bola de neve. Separe algum tempo na vida muito ocupada do casal para algo que não seja mais "produtivo" do que uma brincadeira, um divertimento. Deixe a espontaneidade aflorar. O mesmo espírito brincalhão que deu energia à sua infância ainda vive dentro de você. Você não precisa sufocá-lo, nem mesmo com relação aos assuntos mais sérios. Divertimento é bom, brincar é produtivo. O riso cura o coração sensível e torna a vida mais doce.

60

RENOVE AS SUAS PROMESSAS

Houve um tempo no passado não muito distante em que as promessas eram levadas muito a sério. Quando alguém dizia "dou a minha palavra", isso era considerado um compromisso tão válido quanto um contrato assinado. Mas em algum ponto a palavra de alguém passou a significar menos do que o papel no qual estava escrita. Atualmente a nossa cultura é cheia de brechas. Hoje em dia, quando as pessoas ficam diante de Deus e de testemunhas e dizem "até que a morte nos separe", o que elas realmente querem dizer é "até que a morte nos separe... ou até que eu mude de idéia".

O motivo é bem simples. Se você e a pessoa que você ama foram sinceros em relação ao que prometeram um para o outro, terão de olhar mais para vocês mesmos do que para qualquer um ou qualquer coisa para cumprir essa promessa.

Na vida de um casal há assuntos que exigem uma intervenção séria e que, se não forem remediados, podem significar a quebra da promessa. Mas muitas vezes vocês se vêem diante de questões bem menos sérias que podem e devem ser tratadas como parte do pacote que vocês assumiram. Na verdade, as suas promessas têm mais valor ainda quando seu relacionamento enfrenta grandes problemas. Por esse motivo, você fará um grande favor ao seu parceiro se levar suas promessas a sério, cuidar delas e mantê-las vivas.

Poderia ser proveitoso e servir para lhes dar mais segurança se vocês lessem juntos uma cópia escrita das promessas que fizeram um para o outro. Talvez haja aspectos do que vocês prometeram que mereçam uma discussão à luz dos anos que viveram juntos. Talvez seja um bom momento para pedir desculpas. O que vocês prometeram? Quais são as ramificações das suas palavras na vida real? Vocês foram sinceros ou não?

Provavelmente terão algumas oportunidades para lembrar mas também para renovar seus votos. Jamais subestimem o valor dos rituais em relação às promessas que fizeram. Comemorações de aniversários de casamento, aniversários, rituais religiosos, e outras comemorações formais podem acrescentar solenidade, santidade e deslumbramento à sua renovação das promessas.

Unir a sua vida com a de outra pessoa é uma opção de magnitude. Suas promessas são os alicerces da sua sociedade, que visam salvaguardar dois corações e a vida que compartilham. Quando as promessas são fortes e sinceras, você e seu parceiro podem se concentrar numa vida a dois bem vivida e fiel.

61
DEFINA O ESPAÇO COMUM

Alguns casais têm sorte de ter hábitos pessoais, motivos de irritação e preferências muito parecidas. Mas, para um número muito maior, os detalhes da vida doméstica são grandes desafios. Independente das crenças, objetivos e valores em comum, eles brigam pelo modo de apertar o tubo de pasta de dentes ou pelo lugar adequado para pôr a roupa suja.

Descobrir acomodações com as quais vocês dois consigam viver felizes é certamente a solução ideal para essas diferenças de estilo. Alguns casais ficam mais parecidos pelo simples fato de viverem juntos, e deixam de sentir as tensões do começo, de serem indivíduos únicos que se juntam. Outros casais implementam um estilo de barganha para fazer as tarefas domésticas. Cada um cede conscientemente quando pode, e pede um pouco mais de consideração quando não consegue.

Mas às vezes essas soluções simplesmente não funcionam. Nesse caso seria bom para o casal criar um território neutro – talvez numa área da casa que seria considerada um espaço "público". Nesse espaço, em geral convém à pessoa que é menos ordeira aceitar a necessidade de limpeza e organização do seu parceiro. É claro que para viverem juntos felizes vocês também precisam manter a esportividade. É justo que a parceira tenha um espaço onde ela possa tirar os sapatos, afrouxar o colarinho e curtir o que realmente representa conforto para ela.

O segredo para construir uma vida positiva juntos é sempre o mesmo: respeito mútuo. Você não precisa modificar seu modo de ser para dar valor a um parceiro diferente. Precisa, contudo, exercitar a vontade de atender às necessidades de ambos, usar a sua energia para descobrir um jeito satisfatório de fazer isso, e desenvolver a abnegação de desejar sinceramente a mesma liberdade e felicidade para o seu parceiro que você deseja para si mesma.

62
TENHA UMA VISÃO PANORÂMICA

Quando surgem problemas em casa muitas vezes achamos que podemos identificar a verdade da questão. No entanto, a verdade entre dois indivíduos nunca é uma só. É uma combinação de fatos, opiniões, sentimentos e perspectivas. A sua "verdade" pode ser completamente diferente da "verdade" do seu parceiro. Para realmente resolver um problema com seu companheiro ou companheira você tem de admitir que a "verdade" é algo que vocês precisam compartilhar um com o outro.

A primeira coisa que vocês têm de fazer para ampliar sua visão é um inventário cuidadoso da posição do seu parceiro e da sua. Isso significa ter calma suficiente para uma conversa solidária. Significa fazer perguntas que não soem como ameaças: "Eu não estou entendendo o seu ponto de vista, mas quero muito entender. Você pode explicar melhor?" Significa ouvir com atenção. E também significa conversar até seu parceiro ficar convicto de que você entendeu bem a posição dele.

Se você conseguir ver os dois lados do conflito não se apegará tanto a uma única opinião ou possível solução. Aceitar que existem duas "verdades" também vai ajudá-lo a dar a perspectiva correta ao problema. Que importância ele tem em relação ao seu relacionamento? Como parece quando você se afasta um pouco e o analisa a partir de uma perspectiva mais ampla?

Permita-se alguma distância emocional e também ao seu parceiro. Em meio ao estresse, vocês podem ter dificuldade para enxergar qualquer coisa além do problema imediato. Parem um pouco. Deixem os ânimos se acalmar. Ponham o problema de lado e dêem uma boa olhada em tudo que é bom e produtivo na sua vida e no seu relacionamento.

Lembrem por que vocês estão juntos e o que desejam como casal. Como é que o problema que estão enfrentando se encaixa nesse cenário? É um quebra-molas – para lembrar que vocês estão correndo demais ou sendo descuidados? Ou talvez seja uma placa de estrada que aponta para uma mudança de direção necessária. Por outro lado, vocês podem estar passando por um desses obstáculos da vida – um desafio que exige um pouco mais do que o esforço normal para atingir um objetivo maior. Ou talvez seja apenas um pequeno buraco na estrada. Vocês só precisam seguir em frente.

No contexto de uma vida inteira de amor juntos, a maioria das tensões diárias não merece a atenção e a angústia que dedicamos a elas. Antes de transformar nada em alguma coisa, adote uma visão panorâmica. O problema atual pode não merecer o esforço, mas seu relacionamento merece.

63

PLANTE UMA ÁRVORE

O mergulho na "vida real" não precisa significar o fim dos sonhos num relacionamento. A vida de um casal é como um cozido que está sempre melhorando com o tempero das novas possibilidades. Quando vocês sonham juntos estão afirmando que pretendem passar o futuro juntos. Vocês demonstram esperança nesse futuro e na sua capacidade de influenciá-lo. Além disso, vocês agora podem ter mais informações nesse seu sonho do que tinham antes, quando seu relacionamento era recente e ainda não tinha passado por prova nenhuma. Os seus sonhos têm uma base bem firme na realidade.

Aproveitem um tempo juntos para repassar os recursos que vocês criaram para o seu futuro, e considerem se eles atenderão aos seus sonhos. Se ainda não começaram a fazer nenhum plano assim, tratem de fazer agora mesmo. Não precisam ter muito para começar. Dedicar um pouco do seu tempo para isso pode representar recursos futuros para você e para o seu parceiro que tornarão possíveis seus sonhos, ou alguma versão deles.

Criem um ritual anual para celebrar seu futuro. Quem sabe vocês não querem plantar uma árvore, literalmente, a cada ano? Plantar uma árvore é um ato que pode significar uma nova vida, a renovação dos recursos, fé no futuro ou cuidado com a posteridade. Plantar uma árvore traduz amor – um pelo outro, pelas gerações futuras e pelo planeta. Formalizem esse ato com um brinde, renovem seus votos, leiam alguma passagem literária significativa ou das sagradas escrituras, ou cada um de vocês diga alguma coisa afirmando suas intenções. O ato de plantar uma árvore – seja literal ou metaforicamente – pode se tornar uma lembrança constante de que vocês estão juntos nessa jornada e que o hoje não define suas possibilidades e seu potencial.

É fácil concentrar-se demais no presente e deixar de se conceder o tempo e o prazer de visualizar juntos o que ainda vai acontecer. Pode representar um desafio maior recuperar o tempo de sonhar do que deixá-lo retroceder, mas nem por isso você não pode ou não deve fazer isso. As pequenas coisas de hoje perdem o poder no contexto da esperança e da antecipação do seu amanhã. Plantem uma árvore juntos. Alimentem a esperança e deixem que suas raízes se aprofundem para o seu futuro.

64

EXERCITE NOVAMENTE OS REFLEXOS INVOLUNTÁRIOS

Qualquer padrão que é muito repetido – seja ele físico, mental ou até emocional – pode se transformar numa segunda natureza. Nos esportes, isso pode significar a vitória num jogo. No mundo das reações às emergências médicas, pode significar a diferença entre a vida e a morte. Mas, nos relacionamentos, pode gerar problemas.

Muita gente desenvolve certos reflexos involuntários. Às vezes eles têm origem na infância, pelas mãos de pais difíceis, por causa de relacionamentos traumáticos com outras crianças, ou como reação a certos professores. E às vezes nascem de experiências na idade adulta. Podem não ter nada a ver com a sua história com a sua parceira, ou podem, na verdade, refletir sua história passada com ela. Em qualquer caso, os reflexos involuntários possuem o mau hábito de cometer uma injustiça com uma pessoa inocente, ou de perpetuar padrões destrutivos com alguém que exerceu um papel na reação que você adquiriu.

Observe insultos loquazes. Fique atento para os socos rápidos que minam a resistência. Cuidado com explosões instantâneas. Essas são as bandeiras vermelhas das reações involuntárias. Elas ocorrem em momentos previsíveis e instantaneamente diante de certos estímulos – comentários específicos, atos ou situações.

Se você identificar alguma reação do tipo reflexo involuntário em você mesmo ou na sua parceira, não ignore. Chame atenção para o fato e conversem sobre isso. Vá ao fundo do problema e faça ou aceite o necessário pedido de desculpas para purificar o ar. Dê bastante atenção a isso para não reagir mais assim sem antes pensar. Vocês talvez achem útil combinar um sinal para quando a reação aparecer de novo, algo para lembrar que vocês dois sabem o que está realmente acontecendo e que estão superando isso *juntos*. Depois busquem reações novas e positivas para substituir essas reações involuntárias.

65

SEJA UM PORTO SEGURO

A vida é cheia de riscos. Enfrentamos desafios e medos em relação às nossas famílias, nossas carreiras, à educação dos nossos filhos e às exigências da nossa comunidade. Qualquer risco desses pode representar exposição e vulnerabilidade para nós. Nessas horas o que você mais precisa é de um porto seguro onde possa se recuperar ou descansar. Mas, quando você enfrenta o risco em casa, a impressão é de que navegou de volta para uma tempestade.

Você pode criar uma atmosfera de risco em relação à sua parceira sem se dar conta de que está fazendo isso. Por exemplo, digamos que a sua parceira costuma exagerar nas contas dos cartões de crédito, mês após mês. Tal comportamento pode provocar uma sensação horrível de insegurança em você. O dinheiro devido passa a representar mais do que uma insegurança financeira. Mas o comportamento também aumenta as dúvidas sobre o autocontrole de quem gasta tanto, sua noção de responsabilidade e a lealdade dela para com você.

Quando chega a próxima conta do cartão de crédito, você talvez extravase a sua frustração dizendo: "Você não se importa nem um pouco comigo." "Eu me recuso a viver desse jeito." Tais afirmações comunicam potencialmente que para você esse é o limite, e que o que a sua parceira faz gera repercussões desastrosas.

Agora, se o problema do cartão de crédito realmente é uma quebra de acordo, essas afirmações são adequadas. Elas passam a ser um alerta necessário para a sua parceira despertar e entender que, para você, o problema é muito sério mesmo. Mas, em geral, tais declarações não passam de ameaças, e a pessoa que está furiosa não tem nenhuma intenção de as levar a cabo. Nesse caso, a angústia que é produzida em quem gasta muito não é proporcional à realidade. E mais uma vez o seu relacionamento se transforma numa zona de perigo e não numa área de segurança.

Como um time, você e sua parceira podem resolver fazer do seu relacionamento o porto seguro da vida de cada um. Isso não significa que vocês não terão conflitos um com o outro. Mas significa que vocês se recusam a deixar que esses conflitos assumam proporções monumentais.

Entrem num acordo desde o início que, aconteça o que acontecer, vocês cuidarão do problema como amigos e amantes inseparáveis. Além disso, atenham-se à linguagem verdadeira e própria quando estiverem lidando com os problemas.

Ajudem um ao outro, identificando as situações que provocam a sensação de vulnerabilidade. Quando souberem a origem dos medos, poderão trabalhar juntos para acabar com eles.

66

MANTENHA A PORTA
DOS FUNDOS ABERTA

Você descobrirá que as pessoas que sempre aproveitam tudo ao máximo têm algo em comum. Elas são mestres da situação "vencer ou vencer". Em vez de tratar todo confronto como uma competição, elas acham que é um esforço combinado. Em vez de mirar na posição de único vencedor, elas buscam o melhor placar para o time. E no lugar da satisfação própria, elas aceitam compromissos e soluções criativas. Fazem isso em suas carreiras, suas comunidades e especialmente nos seus relacionamentos.

Pode parecer insensatez, mas quando se trata de estresse você às vezes descobre que seu primeiro instinto não é esperar a situação vencer ou vencer. Na verdade, muita gente acha quase impossível resolver um conflito sem ouvir ou sentir o parceiro dizer "você venceu".

Talvez o elemento mais importante nessa transformação de estresse e discussões em solução a dois seja a questão de levar a melhor e manter a dignidade. O dicionário Webster define "dignidade" como "a qualidade ou o estado de ser valorizado, respeitado ou estimado". Mas muitas vezes acontece que, quando você se empenha em ter as coisas do seu jeito, você recorre a táticas que humilham, desrespeitam ou desvalorizam seu parceiro de alguma forma. O seu parceiro reage naturalmente defendendo sua auto-estima.

Imagine esta cena: Seu parceiro pede seu conselho e depois ignora esse conselho. O resultado não é bem o que ele esperava, e você então o ataca com aquela atitude "eu não disse?". O seu parceiro não pode reparar a situação. Os esforços dele são barrados pelo seu comportamento farisaico. Você não deixa nenhuma saída para o seu parceiro, nenhuma maneira de se redimir dignamente de uma decisão errada, ou de resolver o problema com a sua ajuda, como um time.

Mas suponha que você trate seu parceiro de um jeito diferente. Em vez de tripudiar, demonstre respeito por ele. Pense de que forma você pode aproveitar ao máximo os esforços dele, e então ataquem o problema como um time, talvez aplicando algumas coisas que você tinha pensado antes que poderiam ajudá-lo. As intenções e os esforços do seu parceiro serão respeitados, o caráter dele permanecerá intacto e você terá demonstrado amor e respeito.

Mantenha a porta aberta para interpretações caridosas e para soluções vencer ou vencer. Procure formas de salvar a dignidade do seu parceiro quando estiverem sob a ameaça de problemas. Nesse processo, vocês estarão respeitando seu relacionamento e serão realmente vencedores.

67

FALE COM AS MÃOS

Atração física produz energia na maioria das pessoas e tende a estimular a imaginação. Mas a familiaridade e as exigências externas muitas vezes tornam as pessoas mais acomodadas. A segurança num relacionamento pode se transformar em complacência e seus atos amorosos podem ser dominados pela comunicação telegráfica. Quando você é acusado de negligenciar sua parceira, você pode dizer: "Você *sabe* que eu te amo!" Mas lembre-se do ditado: os atos falam mais alto do que as palavras.

Faça um levantamento das suas demonstrações de amor. Use alguns minutos por dia, nem que seja apenas por uma semana, para fazer uma lista dos seus atos amorosos. Um inventário pode mostrar que você não costuma deixar seus atos traduzirem seu amor. Mas nenhum relacionamento sobrevive indefinidamente na ausência de atos de amor. Se você tem sido descuidado, não se sinta derrotado por isso. Trate de agir agora. Comece dizendo: "Estou percebendo que dou poucas provas da importância que você tem para mim. Por favor, me perdoe. Vou melhorar."

Encontre uma maneira de demonstrar seu amor todos os dias, seja por meio das tarefas domésticas, de programas sociais ou de atos de bondade. Preste mais atenção às coisas que sua parceira quer que você faça para demonstrar seu amor. Atos simples como guardar uma ferramenta no lugar ou acrescentar pasta de dente à lista das compras podem dizer "Eu te amo" de um modo mais tocante do que o grande gesto ocasional.

Não esqueça que o carinho físico pode ser uma mensagem poderosa. Uma massagem nos pés no fim do dia, um abraço bem apertado num momento em que os dois estão rindo ou um beijo inesperado no pescoço podem dissolver um grande número de pequenas irritações. Mantendo essas pequenas lembranças táteis de carinho e amor na sua receita, você afirma seu amor e a sua intenção de ser a outra metade da equipe.

68
NÃO FAÇA TEMPESTADE COM AS MARÉS

Vivemos num mundo dedicado à satisfação imediata. Ouvimos promessas de que para cada desafio que aparece existe (ou logo existirá) uma descoberta, uma invenção ou uma cura para enfrentá-lo. Perdemos a paciência quando descobrimos que essas promessas são falsas ou demoram a se concretizar. É só quando nos deparamos com o espantoso poder das forças da natureza, como o mar, que paramos e concluímos que às vezes temos de esperar pelas coisas.

A vida tem as suas estações. As pessoas têm seus estados de espírito. Variação de humor é uma coisa natural. O seu modo de lidar com isso afeta sua forma de encarar desafios maiores. Os humores são as marés do mar em cada um de nós. Respeitá-los como forças naturais pode conduzi-lo à sabedoria.

Antes de mais nada, entenda que um estado de espírito é o que é. Quando você está de mau humor talvez procure jogar a culpa em alguém ou em alguma coisa. Não caia nessa. Os sentimentos por eles mesmos não são certos ou errados, eles simplesmente são.

Talvez você possa modificar alguma coisa externamente para mudar sua maré interna. Ou então seus sentimentos podem nem ter alguma causa óbvia. Nesse caso, lembre-se de que esses humores vêm e vão e que este vai passar. Você pode tentar não acumular pensamentos negativos quando estiver numa maré baixa e procurar melhorar seu humor praticando exercícios na companhia de amigos ou numa mudança de cenário. Mas alguns estados de espírito não passam depressa. Console-se. Com um pouco de paciência, você acaba se livrando deles.

E lembre também que essas variações de humor provavelmente acontecerão de novo. Quanto mais experiência você tiver em se recusar a levar esses estados de espírito muito a sério, menos poder eles terão sobre a sua vida e o seu parceiro. Chame esse estado de estado – "Não é você. Apenas estou me sentindo assim hoje." Ninguém precisa sofrer com uma reação de raiva ou temor.

69

FAÇA O QUE VOCÊ GOSTA

A paixão não é uma coisa que acontece conosco, ela explode de *dentro* de nós. Em geral reconhecemos a sua presença quando nos apaixonamos por alguém. É uma sensação tão boa que lamentamos quando ela inevitavelmente se acaba. Para algumas pessoas, o desejo de sentir essa paixão de novo motiva a infidelidade no meio de um relacionamento. Para outras, isso leva a um curto romance depois do outro, sem compromisso com nenhum parceiro.

Certamente a felicidade pode ser alcançada com uma eterna paixão física. Mas a felicidade que depende exclusivamente da paixão sexual é limitada na melhor das hipóteses. Ela é vulnerável ao processo de envelhecimento, às doenças, às separações e aos estados de espírito. A paixão que nasce de um reservatório mais profundo tem o potencial de durar uma vida inteira e de proporcionar uma felicidade que engloba muito mais do que o físico. Se você quer ter uma vida rica, vital e gratificante – especialmente no contexto de um relacionamento duradouro –, você deve considerar a paixão sem as expectativas impostas pela mídia.

Quanto mais você vive, mais oportunidades tem de descobrir quais são as suas paixões. Pode haver pessoas que tocam você profundamente, ou causas que o motivam. Uma carreira ou hobby podem acender a sua paixão, ou sua fé religiosa pode incendiá-lo. Qualquer dessas coisas ou pessoas fazem você despertar e motivam suas descargas mais exuberantes de energia e de habilidade.

Se você sentir falta de estímulo na sua vida, faça uma avaliação fundamental de quanto espaço você reserva para as suas paixões e quanta energia emprega na realização delas. Só você sabe o que o põe para cima e o mantém animado. E só você pode tomar a decisão de reservar um lugar proeminente para as suas paixões na sua lista de prioridades.

Você não precisa procurar uma nova parceira para experimentar uma nova paixão. Estimule uma amizade que desperte seu intelecto ou que alimente a sua alma. Você não precisa largar seu emprego atual para sentir-se útil. Faça a diferença com trabalho voluntário, um hobby atraente ou volte a estudar. Quando você faz o que gosta, transforma a sua existência num caso de amor com a própria vida. A sua felicidade, por sua vez, se espalhará pelo seu relacionamento. Em vez da sensação desanimada de que o "felizes para sempre" com que você sonhou é impossível no seu relacionamento, carregue a tocha que você pode acender com o fogo das suas próprias paixões.

70

RESPEITE AS RAÍZES DO SEU PARCEIRO

Se você tem de lidar com sogros problemáticos, deve sempre distinguir a sua parceira do resto da família. Você não se casou com eles. A sua parceira não se casou com a sua família. A pessoa com quem você se casou merece sua lealdade e seu apoio, assim como você merece a lealdade e o apoio dela.

Se você tem problemas com sua própria família, trate de compreender bem a situação a partir do ponto de vista da sua parceira. Se entre seus pais e você sempre existiu tensão, por exemplo, a sua parceira pode ter fortes reações negativas em relação a eles pelo sofrimento que lhe causaram. Converse sobre os problemas antecipadamente e deixe claro a melhor forma para a sua parceira apoiá-lo nas estressantes reuniões familiares. E seja especialmente o mais ardente defensor da sua parceira na companhia da sua família.

Quanto à família do seu parceiro, você pode evitar problemas sabendo com antecedência onde estará com eles. Pergunte para o seu parceiro como você pode facilitar esse tempo de convivência. Se a família não apreciá-la, você merece todo o apoio do seu parceiro. É injusto ser atacado sem apoio na retaguarda.

Você e sua parceira precisam apoiar-se mutuamente para criar uma visão melhor dos seus familiares. Esforcem-se para conhecê-los melhor. Perguntem sobre a vida deles. Planejem encontros em território neutro e criem algumas tradições e lembranças novas. Respeitem o passado deles enquanto pedem para que eles respeitem o seu presente. Quando você descobrir mais sobre eles pode ter mais do que gostar e respeitar. Você pode não se tornar amigo deles, mas pode desempenhar o papel de companheiro carinhoso e solidário na família.

71
ABAIXE O VOLUME

Quer você perceba ou não, ruído constante no seu ambiente constitui um causador de estresse significativo. Você pode estar tão acostumado que nem é capaz de notar, mas mesmo assim é prejudicial – quando algum pequeno aborrecimento aparece, você talvez não esteja perfeitamente em forma para enfrentá-lo.

Você pode fazer pouca coisa para diminuir o barulho fora da sua casa além de pedir melhores leis contra a poluição sonora. Mas, dentro da esfera sob o seu controle, você tem opções para reduzir o ruído na sua vida.

Só para começar, considere quantas conversas você tem com a sua parceira com o barulho da televisão ou de um aparelho de som ao fundo. Na metade do tempo, muita gente conversa enquanto seus olhos e sua atenção se dividem entre o parceiro e a tela da televisão.

Pense no efeito produzido pelo telefone. Apesar da bênção potencial da secretária eletrônica, com que freqüência você deixa o telefone interromper uma interação cara a cara? Uma noite tranqüila juntos pode sofrer um curto-circuito com uma ligação de um amigo que demora demais, ou de um estranho tentando vender alguma coisa.

Nada dará um melhor potencial de crescimento ao seu relacionamento do que você e sua parceira estarem integralmente presentes nos momentos em que estiverem juntos. Façam um favor a vocês mesmos. Desliguem a televisão quando estiverem conversando. Deixem a secretária eletrônica atender o telefone de vez em quando. Arrumem a mesa e acendam velas em vez de jantar diante da televisão. Sentem-se juntos para tomar o café-da-manhã sem ligar o aparelho de som.

Vocês podem limpar a poluição sonora do seu meio ambiente. Isso proporcionará uma paz de espírito que vocês não têm há muito tempo.

72

ADMITA!

Se existe alguma lição para nós nos anais da história da humanidade é que todos nós cometemos erros, todos sofremos de lapsos de caráter e todos partilhamos de uma porção de culpa uma parte do tempo. E isso também é verdade nos relacionamentos românticos. A vida com outro ser humano sempre inclui algum sofrimento, erros, esquecimentos e má administração.

É inevitável que um decepcione o outro de vez em quando. Ele promete que vai pegar uma encomenda extremamente importante no correio e esquece completamente. Ela dependia dele para isso e perderá um prazo importante no trabalho. Ela manifesta sua decepção e frustração extremas e se depara com uma lista furiosa de desculpas e motivos dele para ter esquecido – que ela não telefonou para lembrar, que ele estava fazendo um favor para ela, afinal. Agora, além da frustração inicial, ele piorou ainda mais as coisas insinuando que ela é a culpada – ela se sente atacada pelo pedido inocente que fez. Ele refaz sua promessa quebrada dizendo que a culpa é do egoísmo dela e as fagulhas começam a pipocar.

Vamos supor que em vez disso ele tivesse revelado as emoções que realmente sentiu quando percebeu que, sem querer, tinha quebrado sua promessa: constrangimento, culpa pelo problema que estava causando para ela, raiva dele mesmo. Vamos supor que ele tivesse resolvido pedir desculpas, então, e que se oferecesse para fazer o que pudesse para ajudar a reparar os danos resultantes. Uma pessoa decente e compassiva aceitaria esse pedido de desculpas, admitiria que todos nós cometemos erros assim, e deixaria que ele fizesse qualquer coisa para ajudar. Um incidente que poderia explodir e deixar um legado de mágoas teria se transformado em mais uma peça na compreensão que um tem do outro e no trabalho conjunto pelo bem dos dois.

A moral da história é a seguinte: mesmo os grandes problemas podem ser atenuados para se tornar experiências positivas e administráveis. Quando você comete um erro, ainda tem espaço para se redimir. Você pode chegar a esse espaço com três passos firmes. Admita a sua responsabilidade. Peça perdão. E faça o que puder para consertar o erro. Mesmo se a sua parceira não perdoar ou aceitar, você terá a satisfação e o consolo de ter feito a coisa certa.

73

APAGUE "FRACASSO" DO SEU VOCABULÁRIO

O que realmente é o fracasso? É uma tentativa que não funcionou? É uma decisão errada, um ato impensado, ou uma palavra indevida? Muitas vezes você pode sair de um esforço malsucedido, de um julgamento errado ou de alguma transgressão mesmo com um F gigantesco estampado na sua auto-estima. Você não consegue se desligar daquele comportamento ou atitude que deu errado. Na sua visão, você *se transforma* num fracasso.

A auto-recriminação possui um poder destrutivo que não se deve subestimar. Cada pequeno erro cresce com o peso da autocondenação. Você pode parar de tentar, com medo de futuros fracassos. Pode se tornar amargo e cínico em relação aos outros. Coisas boas que acontecem com os outros geram inveja. Você impõe padrões impossíveis para você e para o seu parceiro, e gera sofrimento para ambos.

Para ter uma vida que recompense seus esforços é necessário um aprendizado. Na verdade, é a natureza da vida que você aprende com suas tentativas e erros e com o tempo. Nesta nossa era há muitos exemplos de indivíduos talentosos que foram sempre maus alunos na escola e que ouviam dizer que não dariam boa coisa. Albert Einstein tirava notas péssimas em matemática. Thomas Edison teve inúmeras experiências fracassadas e alguns negócios malsucedidos. Mas suas contribuições tiveram efeitos em grande escala. Eles representam muitos outros que consideram os erros na vida mais grãos para o seu moinho. Em vez de se considerar perdedores quando um tipo de estudo ou ato não funcionava, eles permitiam que essa experiência os guiasse rumo a uma opção melhor.

O vocabulário do sucesso e do fracasso é muito extenso. Aperte o botão *deletar* quando essas críticas entrarem em seu pensamento. Você e a sua parceira, como o resto de nós, estão em constante estado de transformação. O erro é parte integrante desse processo.

74

OUÇA COM *SEUS* *OUTROS* OUVIDOS

Viver com outra pessoa pode tornar a voz e as reações dessa pessoa tão familiares que você passa a ouvir apenas com a metade da sua audição, ou desliga completamente a voz dela. E só quando você não registra um aborrecimento grande por algo pequeno é que você se dá conta de que pode ter perdido alguma coisa importante no meio do caminho. Você precisa ouvir com algo mais do que seus ouvidos normais.

Uma reação exagerada normalmente nasce de um motivo concreto. É claro que problemas físicos têm o poder de encurtar pavios e de exaurir a capacidade de controle. Quase sempre vale a pena arriscar mais fúria perguntando: "Você está se sentindo bem?" Se seu parceiro confessar "Estou com uma terrível dor de cabeça por causa da sinusite", você reage com simpatia e algum descongestionante, e pronto.

Mas a sua pergunta pode ser respondida com um "Estou ótimo", curto e grosso, e um bater de porta. Desista da solução mais fácil e continue ouvindo. É possível que o motivo da reação exagerada tenha pouca relação, ou nenhuma, com o acontecimento que precipitou aquele problema. Em vez disso, consiste numa emoção fora de lugar que não foi tratada em sua verdadeira causa, e que extravasou depois que uma pequena irritação abriu a comporta.

Em momentos como esse, dê um gigantesco passo para trás. Acrescentar a sua reação agressiva à do seu parceiro só vai iniciar uma briga inútil. Responda a uma reação exagerada com calma e tranqüilidade. Se o acontecimento que provocou isso foi responsabilidade sua, trate de pedir desculpas – sinceras. O fato do seu parceiro reagir mal não justifica o fato de você ter feito algo sem pensar ou com maldade. Ao mesmo tempo demonstre a sua surpresa com o *tamanho* da reação. O seu parceiro pode nem estar se dando conta de que extrapolou.

Nesse ponto você pode perguntar se alguma outra coisa no relacionamento está servindo de combustível para a explosão. Ouça nas entrelinhas para descobrir por que esse problema é tão importante para o seu parceiro. Observe indicações do que pode representar para ele – falta de amor, um comportamento egoísta ou angústias mais sérias.

É sempre possível que a emoção que existe por trás de uma reação exagerada contra você na verdade parta de ansiedade, raiva ou mágoa, que não tem nada a ver com você. Pode ser útil abrir a porta para tal revelação perguntando: "Tem mais alguma coisa incomodando você?" Pelo que você sabe, você deve ter deixado de observar alguma coisa na vida do seu parceiro que merece a sua atenção. Se você se dispuser a isso, pode descobrir que tem uma valiosa capacidade de ouvir para oferecer.

75

CUIDE DOS SEUS NEGÓCIOS

Milhares de livros, revistas, páginas da Internet e programas de televisão são produzidos sobre maneiras de ganhar e de investir dinheiro. Além disso, um número cada vez maior de contadores e corretores de valores oferece seus serviços a preços razoáveis. Mas, procurando ajuda ou não, é praticamente certo que você ficará estressado por causa do dinheiro, a menos que disponha de um tempo para planejar e para manter o aspecto financeiro do seu relacionamento.

Antes de mais nada, cuidem do lado financeiro do seu relacionamento como uma equipe. Mantenham o assunto do dinheiro em cima da mesa. Planejem reuniões mensais nas quais vocês possam analisar como estão se saindo, e fazer qualquer mudança ou tomar decisões que afetem o seu progresso. Não percam sua situação financeira de vista, nem deixem de pensar nela. É fácil demais ter problemas quando negligenciamos esse aspecto fundamental da vida moderna.

Certifiquem-se de que vocês dois conhecem sua situação financeira. Não tem problema delegar a função de pagar as contas e cuidar das contas no banco, mas isso não é desculpa para ignorar o que um ou outro faz. Vocês dois têm de rever as contas e estar em dia com todas elas. Esse conhecimento ajuda a tomar as decisões mais inteligentes.

Criem juntos um orçamento que reflita fielmente seus recursos, seus objetivos e suas prioridades. Separem um dinheiro para as despesas fixas, compromissos com doações de caridade e poupança e investimentos, antes de estabelecer limites para as despesas arbitrárias. Um plano financeiro realista e bem pensado pode livrar a vida diária de um casal de muita ansiedade e atrito.

E, finalmente, ajudem um ao outro a viver dentro desse orçamento. Se vocês se apoiarem mutuamente para viver de acordo com os seus recursos, estarão imediatamente evitando os piores problemas de dinheiro que podem surgir na vida do casal.

76

INSTITUA A ESTRATÉGIA DE "DAR UM TEMPO"

Todos os casais têm suas discussões. Graças à natureza humana, pelo menos algumas delas são inevitáveis. A sua melhor defesa é aprender como administrá-las para que se resolvam rapidamente e com o menor sofrimento possível.

Quando surgir uma discussão, primeiro pense se ela ocorreu numa hora e num lugar em que possa ser resolvida de forma construtiva. Em geral os lugares públicos não são locais bons para resolver disputas. Nem as reuniões de família, ou o corredor, do lado de fora do quarto onde o filho está dormindo. Qualquer momento ou lugar que represente um somatório de problemas como ouvidos atentos, outras atividades (dormir, fazer amor, ou comer, por exemplo), ou constrangimento para o conflito original vai exigir definitivamente que vocês "dêem um tempo". Da mesma forma, se vocês perceberem que a agressividade já inviabilizou uma solução razoável, recuem um pouco por algum tempo. Declarem uma trégua até a pressão sanguínea e o sentido de proporção voltarem ao normal.

Quando recomeçarem a discussão, tratem de se ater ao assunto. Cada um de vocês deve ter tempo suficiente para expressar seu ponto de vista e a sua idéia de uma boa solução. Evitem gritar. Quanto mais você gritar menos seu parceiro vai ouvir. Evite afirmações generalizadas ("Você sempre..." ou "Você nunca...") porque elas só pioram as coisas. E evite ataques sorrateiros. Se você ataca verbalmente a sua parceira e a encurrala só para provar que ela está errada, desperta o instinto de luta ou de fuga, e invariavelmente a discussão piora ou termina.

Quando chegarem a uma solução, resolvam que é assunto encerrado. Se um de vocês retomar o assunto, dê permissão ao outro para apitar a falta. Discussões podem ser inevitáveis, mas vocês podem aprender a lidar com elas para que continuem pequenas como devem ser.

77

ESTEJA PREPARADO PARA IDÉIAS BRILHANTES

Você e a sua parceira são pessoas que passam por um processo, e o seu relacionamento é uma expressão dinâmica desse processo. As circunstâncias que envolvem suas vidas continuam a evoluir. Os membros das suas famílias envelhecem e se transformam. Seu círculo de amizades cresce, encolhe e cresce novamente, assim como as cobranças para vocês dois e para o seu relacionamento.

Usem o que vocês observam nos outros para aprender. Vocês estão cercados de casais em vários estágios da vida, que têm uma grande variedade, muitas vezes disparatadas, de experiências. Eles incluem seus próprios pais, outros membros das duas famílias e os amigos. Podem ser vizinhos, colegas de trabalho ou membros dos seus grupos comunitários.

Não que você deva acreditar em tudo o que vê ou ouve dizer sobre os relacionamentos alheios, mas há coisas a observar. A companhia de um casal que sempre trata um ao outro com carinho pode oferecer pistas de como promover esse clima no seu próprio relacionamento. Por outro lado, se vocês passarem algum tempo com um casal que está sempre implicando um com o outro, você poderá lembrar da mesquinhez desse estilo de vida.

Livros, entrevistas e palestras podem representar descobertas úteis sobre uma variedade de tópicos como estilos de comunicação e problemas sexuais. Você pode sentir necessidade de pesquisar algum assunto, mas não precisa esperar o problema aparecer. Você pode reunir informações concretas sobre os desafios que normalmente aparecem num relacionamento antes mesmo de ter de enfrentá-los.

Talvez a atitude mais difícil de adotar seja a de aceitar uma observação oportuna ou uma sugestão sábia de alguém de fora do seu relacionamento. No entanto, alguém com mais experiência e conhecimento valioso pode enxergar o que vocês não vêem. Quando receber um conselho, você não precisa aceitar, mas deve examiná-lo.

78

CUIDE DO *SEU* CORPO

Estamos sempre prontos para atribuir explicações psicológicas para nossas explosões e reações intempestivas. Infelizmente, muitas vezes deixamos nosso estado físico fora da equação. Se você quer aumentar o equilíbrio, a paz e a alegria da sua vida, lembre-se de que é muito importante prestar sempre atenção à sua saúde física.

Se você nunca foi examinado por um médico, marque uma consulta agora. A melhor medicina é a preventiva, e antes de você se preocupar com outras questões de saúde, deve saber a quantas anda. Ao mesmo tempo, faça sua vistoria de manutenção do seu estilo de vida e dos seus hábitos. As pessoas às vezes ficam tão concentradas no cotidiano que acabam esquecendo do impacto que esses fatores podem provocar na sua capacidade de enfrentar os desafios.

Você tem descansado bastante? A sabedoria popular sobre esse assunto sugere que a maioria das pessoas precisa de cerca de sete a oito horas de sono toda noite. Muitos médicos recomendam um descanso no meio da tarde, seja um cochilo de vinte minutos ou simplesmente um período curto de tranqüilidade. Bem descansado você recupera seus recursos mentais e emocionais e mantém a sensação de equilíbrio e de proporção.

E quanto aos exercícios? Dar várias caminhadas boas por semana tem provado ser muito benéfico para o desempenho do coração e dos pulmões. Mas muitas pessoas acham que uma atividade física regular oferece mais do que a boa forma cardiovascular. Elas se sentem mais dispostas, mais capazes de se concentrar e mais felizes.

Uma boa alimentação serve de combustível para todo o seu organismo. Incluir uma quantidade exagerada de alimentos industrializados, açúcar, álcool e fontes protéicas com alto teor de colesterol acaba cobrando seu preço com o tempo e desaloja os efeitos mais saudáveis de alimentos com grãos integrais, frutas, verduras, legumes e proteínas com baixo teor de gordura.

Talvez tudo isso pareça muito trabalhoso, mas é mais hábito do que trabalho. Você já tem suas rotinas. É simplesmente uma questão de repensá-las, concentrando-se mais no seu bem-estar físico. Acima de tudo, aprenda a relaxar. A tensão física se traduz rapidamente em estresse e angústia. As técnicas de relaxamento estão disponíveis e ao alcance de qualquer pessoa que queira aplicá-las.

79

CUIDE DO SEU ESPÍRITO

É fácil se deixar levar pelas aparências numa cultura que dá tanta ênfase às formas e tamanhos do nosso corpo, aos empregos que temos, e aos bens materiais que possuímos. Mas, para tornar a vida significativa e cheia de alegria, você deve dar uma atenção especial à vida do seu espírito – aquele aspecto da sua existência que tem a ver com Deus, com a fé, com o caráter, a integridade e a moralidade. Não existe substituto para essa faceta da vida, porque é nela que você encontrará sua bússola para tudo o mais. É nela que você discerne a diferença que existe entre o que é temporário e o que dura, o que é superficial e o que é importante. É nela que você aprende quem e o quê tem mais valor para você.

Para muitas pessoas, o alimento espiritual é mais significativo no contexto da fé e das experiências religiosas. Buscar ativamente uma ligação com Deus produz uma régua espiritual para medir decisões, para considerar questões morais e para construir uma vida íntegra com a sua parceira. A fé pode crescer no contexto de um compromisso diante de uma comunidade religiosa, de rituais e cultos que enfatizem os aspectos da sua crença e de hábitos regulares de estudo, oração e meditação.

Numa escala mais humana, o lado espiritual da vida pode também ser servido pelas artes. Artes visuais, música, teatro, literatura e dança podem atingir o fogo que existe dentro de você, fazendo com que você ultrapasse suas fronteiras habituais de linguagem e lógica. As artes oferecem beleza, recarregam sua criatividade e desafiam sua forma de ver as coisas.

E o mundo natural também faz isso. Na natureza, você descobre as imagens mais poderosas e comoventes que existem, dos ciclos e das estações, de equilíbrio e interação, de vida e de morte. É fácil perder sua noção de proporção quando você se concentra em uma faceta minúscula da sua vida pessoal. A natureza nos faz lembrar de que a vida nunca é uma coisa só, mas sempre uma rede magnífica de muitas coisas em constante movimento e conexão. Estude as galáxias ou observe a vida através de um microscópio se quiser se enquadrar e enquadrar a sua vida num cenário maior. Quanto mais nos damos conta do que há à nossa volta, mais compreendemos os limites da nossa humanidade. Tal humildade é o princípio da sabedoria.

80
EXERCITE O SEU INTELECTO

Como parceiros na vida, vocês podem impor limitações um ao outro. Podem adquirir hábitos embotados que raramente ou nunca incorporam novas idéias ou pontos de vista alternativos. Talvez vocês continuem assinando os mesmos periódicos com as mesmas linhas editoriais e ouvindo os mesmos comentaristas, sempre com os mesmos pontos de vista. Vocês podem também adotar uma dieta nada saudável para o cérebro. Quantos programas de televisão vocês acham que realmente representam um desafio intelectual? Que tipo de raciocínio a maioria dos filmes populares exige? A literatura que vocês lêem os faz refletir?

Vocês também podem ser a motivação um do outro para exercitar e alimentar seus intelectos, alargar seus horizontes e ultrapassar o que parece fácil e confortável. Provavelmente há tantas maneiras de fazer isso quanto há casais com opções e imaginação.

Desliguem a televisão pelo menos de vez em quando. Por um dia só, por uma semana, todo mês. A televisão embota a mente e desabilita muitas fontes alternativas de interesses e desafios. Até como relaxante no fim do dia, ela pode ser trocada, para vantagem de vocês, por um pouco de música ou uma refeição especial.

Leiam um livro ou ouçam uma fita juntos. Escolham um assunto que agrade aos dois. Bons livros são bons para refletir e discutir depois. Eles nos ensinam coisas sobre pessoas, acontecimentos, lugares, épocas e experiências. Eles nos dão um território novo para explorar juntos.

Entrem numa curva de aprendizado. Estudos demonstraram que os efeitos da idade sobre o cérebro humano são bastante compensados quando a pessoa continua a aprender. Façam um curso novo ou adotem um hobby diferente, ou procurem atingir um nível mais alto em alguma das suas especialidades.

E lembrem-se de manter sempre a mistura. Quando vocês se envolvem em empreitadas com participação de diversas gerações ou culturas, vocês ampliam o alcance da sua exposição. Pessoas de gerações ou culturas diferentes têm contextos diferentes dos quais vêem a vida e o mundo. Misturar-se com pessoas diferentes lhes propicia vivenciar as experiências dos outros e ver através dos seus olhos.

81
COMPARTILHEM SEUS FILHOS

Uma biblioteca inteira não seria suficiente para cobrir todos os problemas que os casais têm na criação dos filhos. Há muitos julgamentos diários que podem ser negociados com sensatez e perspectiva, ou que podem se transformar em problemas que não ajudam a ninguém. Na busca de sensatez e perspectiva, considerem quatro sugestões simples:

Mantenham-se unidos. O amor que você sente pelos filhos pode torná-lo muito obstinado em suas opiniões, e suas opiniões nem sempre vão combinar com as da sua parceira. No entanto, é fundamental, para o bem de seus filhos, que suas diferenças sejam resolvidas sem envolvê-los. Trabalhem juntos para desenvolver seu estilo de família. Unam suas forças nas questões de disciplina. Adiem as decisões sobre as quais não concordam, e resolvam-nas só os dois. Apóiem as decisões um do outro. Não deixem seus filhos terem dúvida nenhuma de que vocês são uma equipe.

Sejam consistentes. Quando damos aos filhos uma noção bem clara de limites que eles sabem que não vão mudar, eles têm uma sensação indispensável de segurança. Quando você estabelecer regras, mantenha essas regras. Não reduza o limite de alguma coisa um dia, nem ignore ou ria disso no dia seguinte. Quando uma situação ou um comportamento específico exige uma nova regra, que ela seja simples e clara. Explique as conseqüências da desobediência de antemão. E cumpra o que estabeleceu. Lembre que seus filhos vão aprender mais com o que você faz e de que maneira faz, do que com o que você diz.

Dividam o peso. Os filhos exigem uma quantidade enorme de tempo, energia e atenção. Quando vocês os põem no mundo, você e sua parceira assumem a responsabilidade que de certa forma será sempre sua pelo resto da vida. Não é trabalho de apenas um de vocês assumir essa responsabilidade, mesmo se vocês resolverem que um dos dois fica em casa. Quando vocês dividem essa tarefa, reduzem o estresse à metade e o divertimento é multiplicado por dois.

Amem-nos enquanto dura. Esses filhos estarão com vocês por um tempo extraordinariamente curto. Muitos pais, quando todos os filhos saem de casa, recordam os anos exaustivos, voláteis e excitantes da criação deles como os melhores anos de suas vidas. Enquanto vocês ainda estão envolvidos nisso tudo, dêem valor a cada dia.

82

RESPEITE SUAS
PRÓPRIAS RAÍZES

❦

Você enfrenta um desafio quando se compromete com alguém e cria uma nova família. A sua nova família assume a precedência porque é a partir desse núcleo que você deve construir e negociar uma vida adulta. Mas o ato de começar uma nova família não significa que a sua família original deva simplesmente se evaporar.

A maioria das pessoas deseja manter um relacionamento estável com seus parentes, mas nem sempre isso é fácil. Se você se dá excepcionalmente bem com sua família original – se vocês encontraram um equilíbrio na convivência, se sua parceira gosta tanto deles quanto você, e se eles aceitaram completamente a sua companheira –, pode considerar isso como uma bênção. Que isso seja uma base maravilhosa para uma vida feliz e significativa com a sua parceira. Para o resto da população, algumas noções fundamentais podem ser úteis para minimizar o estresse que pode surgir.

Antes de mais nada, seja leal com a sua parceira. Menos do que isso é injusto e eventualmente desastroso. Você se comprometeu com sua parceira e fez promessas que precisa cumprir. Vocês não podem progredir nesse relacionamento se permitirem que seus pais, irmãos ou outros membros da família ocupem o primeiro lugar. A sua parceira tem o direito de opinar sobre o papel que sua família vai desempenhar.

Respeite as suas raízes. Lembre que na maioria dos casos as pessoas que o criaram fizeram o melhor que podiam. Cometeram erros, é claro, mas eles amam você e sempre quiseram o melhor para você, soubessem ou não como realizar isso. Perdoe os erros deles. Procure acabar com ressentimentos que ainda possam existir. E, acima de tudo, assuma uma postura adulta em relação a essas pessoas. Agora você já tem idade suficiente para compreender e superar as idéias que tinha deles na infância.

Procure formar alianças. Se você adotar uma visão compassiva e carinhosa da sua família, a sua parceira pode aprender a fazer o mesmo. Por outro lado, a sua família não é a melhor platéia para as suas reclamações sobre a sua companheira. Enfatize as qualidades e o que nela é adorável, para sua família, para ajudá-los a compreender e a aceitar a pessoa que você escolheu.

E principalmente, agradeça o fato de você ter uma família. Nem todo mundo tem. Aproveite o tempo que vocês têm para aprender mais sobre as suas origens. Faça um esforço para consertar e resolver antigos conflitos enquanto pode. Demonstre para eles o que você admira neles enquanto eles ainda estão por aí para ouvir. Os conflitos não são tão importantes quanto os elos que existem entre vocês.

83

MANTENHA ALGUM MISTÉRIO

É um grande consolo e nos dá muita força ter alguém sempre ao nosso lado nos altos e baixos da vida. Mas esse tipo de intimidade não exige necessariamente uma exposição total o tempo todo, nem de todas as formas. É possível ser emocionalmente honesto e estar profundamente comprometido sem jogar cada detalhe da sua existência privada no colo da sua parceira. Na verdade, alguns aspectos da sua vida privada podem ser resguardados a fim de tornar sua vida a dois sempre fortificada e interessante.

Considere, por exemplo, a questão da roupa suja que é largada numa pilha ao final do dia em vez de ser posta no roupeiro. É normal você achar que na sua própria casa é permitido deixar suas roupas onde as despisse, se assim quisesse. Por outro lado, se a sua parceira considera isso muito mais irritante do que sexy, que vantagem você terá se insistir em agir dessa forma? Você pode resolver pôr a roupa no lugar determinado para que a noite (e a manhã seguinte) seja mais agradável para a sua parceira, e, portanto, mais prazerosa para vocês dois.

E o mesmo acontece com muitos outros hábitos. Quando você pára de pensar ou de se preocupar com as reações da sua parceira ao seu comportamento, você está tratando-a como alguém que está aquém do seu interesse romântico. Na verdade, é como se você dissesse: "Eu não me importo mais com o que você acha de mim."

Manter algum mistério no relacionamento depende mais de estar vivendo o momento com a sua parceira. De mau humor, a sua parceira pode reclamar de alguma coisa que você costuma fazer ou deixar de fazer. Isso merece atenção, mas talvez seja mais o caso de ter compaixão do que de providenciar uma mudança permanente no seu comportamento. No entanto, uma reclamação pode ser um lembrete de que você está ficando descuidado com você mesmo quando está com a sua parceira. Nesse caso, talvez você precise pensar seriamente em resgatar uma versão mais romântica da intimidade que vocês compartilham.

O romance morre quando não há cuidados e estímulos. Uma maneira de estimular esse aspecto do relacionamento é acrescentar alguma dose de mistério na receita. Arrume-se longe da vista do seu parceiro. Preste atenção aos hábitos específicos que ele pode preferir não testemunhar. E trate de se apresentar da melhor forma possível para a pessoa que você considera íntima. Agindo assim, os prazeres de um novo amor estarão sendo incorporados à profundidade de um relacionamento maduro.

84
FAÇAM CONFIDÊNCIAS

É complicado introduzir o assunto sexo em qualquer conversa, e quase sempre ele é motivo de constrangimento para o casal. O sexo é uma questão muito séria, na intimidade, e uma das duas áreas mais problemáticas (junto com o dinheiro) que se apresentam no sofá do analista. Se vocês estão tendo qualquer tipo de problema na cama, não há nada melhor do que conversar sobre isso.

Como acontece em outras áreas do relacionamento, você não pode supor que sua parceira saiba o que você está sentindo, ou que ela compreenda por quê. A menos que você se comunique, pode ficar esperando um longo tempo até a sua infelicidade ser detectada. Não esqueça que às vezes os problemas sexuais são resultado de problemas psicológicos, e que a conversa talvez tenha de ser o primeiro passo para a busca de auxílio médico. De maneira geral, no entanto, os problemas com sexo refletem outros problemas que existem entre o casal. Nesse sentido, o estresse sexual é parte de um sistema de alarme que pode funcionar para o bem do relacionamento, na medida em que ele indica que vocês têm algumas questões pendentes de solução.

Comecem num nível bem simples. Talvez vocês só precisem ter algum tempo a mais de tranqüilidade a sós. Muitos casais acabam tendo relações sexuais inexpressivas e pouco freqüentes por causa de excesso de compromissos, de cansaço, falta de privacidade ou angústia proveniente de problemas outros que não têm a ver com o relacionamento entre vocês. Uma noite juntos fora de casa, umas férias sem os filhos ou uma mudança deliberada do ritmo doméstico podem fazer com que tudo volte a funcionar muito bem.

É claro que os problemas podem ser mais profundos. Alguns problemas sexuais podem se avolumar ao ponto do casal não conseguir resolvê-los entre si. Não se desesperem, nem desistam. Muitas pessoas têm problemas íntimos que não conseguem resolver sozinhas. Não há vergonha nenhuma nisso, tampouco é sinal de fracasso. Felizmente você não precisa enfrentar isso sozinho. Existe muita ajuda disponível sob a forma de aconselhamento profissional, terapia sexual e literatura sobre o assunto. Quanto mais você souber, melhor preparado estará para resolver os problemas e revitalizar essa parte da sua vida íntima.

Talvez o mais importante, no dia-a-dia, seja deixar sua vida sexual ser o que ela é – uma união incomparável que expressa o quanto vocês se amam. Não complique isso com uma centena de outras coisas. Não transforme o sexo numa provação, num teste ou numa obrigação. Pense nele como pensaria numa sobremesa. Faça dele o grande prazer que deve ser.

85
TRANSFORME REFEIÇÕES EM PROGRAMAS

Parece que tudo acontece muito depressa hoje em dia, e todo casal precisa enfrentar seus próprios desafios de tempo e de pressões. Todas as pessoas, porém, têm algumas coisas em comum. Por exemplo, elas precisam dormir e têm de se alimentar.

Dormir junto pode ser imensamente prazeroso às vezes mas, em geral, é um tempo em que vocês estão inconscientes. Em termos de um tempo juntos para unir forças, comer merece alguma atenção. Costumava ser uma norma cultural a família toda sentar em volta da mesa em determinadas horas do dia para as refeições. Hoje muitas famílias têm o privilégio de desfrutar uma noite por semana, em que todos se reúnem num mesmo lugar, tempo suficiente para jantar juntos. Mas essa é uma opção que pode ser modificada.

Primeiro, considere quantas vezes por semana vocês podem realmente fazer uma refeição juntos. Em todas essas vezes, quantas refeições são improvisadas? Com que freqüência vocês continuam sentados à mesa, depois de comer, para conversar? Vocês deixam a secretária eletrônica atender os telefonemas por uma hora sequer? Com que freqüência fazem outra coisa enquanto estão comendo – assistem à televisão, lêem ou escrevem alguma coisa?

As respostas para essas perguntas podem provocar um efeito profundo até na vontade que vocês têm de sentar juntos para fazer uma refeição. A comida é mais do que nutrição. É um alimento para a sua alma. As refeições têm um grande potencial para o tempo de qualidade que vocês passam juntos e para conversar. Mas primeiro vocês têm de recuperar esse tempo para as refeições na correria da vida moderna e tratá-lo como o momento especial que pode ser.

Talvez um de vocês, ou os dois, gostem de cozinhar. Nesse caso, transformem o preparo das refeições numa parte significativa do tempo que passam juntos. Programem os dias para experimentar novas receitas. Talvez vocês gostem de um determinado tipo de refeição que entreguem em casa no final de uma longa semana de trabalho. Talvez gostem de tomar um farto café-da-manhã nas manhãs de sábado. Não caiam na armadilha de pensar que o único momento em que vocês podem fazer um programa com uma refeição é jantando num restaurante.

A questão é essa: o que torna a vida mais doce requer calma. Muitas pessoas declaram que não é possível encaixar mais nada em suas vidas atarefadíssimas. Muito bem. Então tratem de resgatar um aspecto da vida que vocês têm de incluir de qualquer jeito: façam de cada refeição um programa. Transformem essa ocasião num momento calmo em que vocês possam lembrar que a vida é boa e que é muito bom ter aquela pessoa com vocês.

86

UMA VEZ POR MÊS, TROQUEM DE LUGAR

Se você conseguir realmente acompanhar sua parceira num dia típico, ou trocar de lugar com ela, trate de fazer isso. Porém, você também pode e deve se habituar a perguntar sobre o dia de trabalho dela. De vez em quando dedique sua atenção ao que a sua parceira está vivenciando, pensando e sentindo sobre o trabalho.

Lembre-se de algumas dicas para aproveitar ao máximo essa oportunidade. Primeiro evite dizer "Eu sei". Você não sabe. Se você for especialmente sensível, *talvez* possa imaginar. Mas demonstrará mais solidariedade se escolher uma reação assim: "Isso deve ser mesmo muito duro para você" ou "O que você acha disso?"

Segundo, resista à tentação de imediatamente relacionar as experiências da sua parceira às suas. É fácil demais se precipitar e começar a contar uma história sua, assumindo o controle da conversa. Durante uma conversa inteira, deixe que o assunto seja a sua parceira.

Terceiro, não julgue. Você pode secretamente pensar que o seu trabalho é muito mais pesado. Por mais que você tente esconder, alimentar essa opinião diminui sua capacidade empática. Esse pequeno juiz ficará lá, sentado em silêncio, no fundo do seu cérebro com um sorrisinho sonso, falso e com ar de superioridade. Você não ouvirá nem compreenderá realmente a vida da sua parceira a partir desse ponto de vista.

E finalmente exercite a sua imaginação amorosa. Você detém a posição privilegiada de ser o principal apoio da sua parceira. Se estiver disposto e fizer esse esforço, poderá aliviar um pouco desse peso, simplesmente compartilhando-o com sua parceira e mantendo-se ao lado dela. É sempre mais fácil encarar os aspectos difíceis do trabalho diário quando se pode contar com a simpatia e a compreensão da outra pessoa.

87

SEJAM VOLUNTÁRIOS JUNTOS

Num relacionamento íntimo, você pode concentrar muita atenção nas suas necessidades individuais e mútuas para ver de que maneira elas estão sendo atendidas. Nesse processo, às vezes você desenvolve uma visão obstruída da vida e se transforma não só no centro do universo, mas no universo propriamente dito.

Em determinado momento, vocês precisam parar de olhar nos olhos um do outro e olhar para fora. Não significa, no entanto, que devam parar de considerar um ao outro a prioridade máxima, ou negligenciar as oportunidades de atender às necessidades da sua vida a dois. Quer dizer que vocês vão recuperar sua perspectiva quando resolverem ficar ombro a ombro em vez de nariz com nariz. Vocês se transformam num time com um mesmo objetivo, em vez de uma sociedade secreta de dois. Vocês se sentirão como uma pequena sociedade num contexto bem mais amplo e constatarão que não são o espetáculo completo.

Muita coisa foi dita nas últimas décadas sobre a eficiência dos esforços políticos e do envolvimento nos problemas comunitários e sociais. Nada pode substituir o esforço e o auxílio de pessoas comuns. Elas podem instituir dias de "limpeza" para recolher lixo, fazer e distribuir sopa para os famintos, ou manter crianças órfãs nos hospitais, dedicando seu tempo e seu talento pelo simples prazer de ajudar. Você também pode fazer isso.

É difícil ficar olhando para o próprio umbigo quando você se concentra na verdadeira necessidade dos outros. E é interessante observar que, quando o casal muda o foco da sua atenção, como uma equipe, acaba descobrindo que as preocupações que os dois tinham começam a diminuir. Eles passam a ter menos energia para mesquinharias, dão mais valor ao que têm e adquirem um cabedal mais amplo de experiências compartilhadas que contribuem para o crescimento conjunto, na mesma direção.

Não é necessário fazer algo grandioso para que represente uma contribuição voluntária significativa. Trabalhar na diretoria da biblioteca pública por um ano pode manter uma organização valiosa funcionando a todo vapor. Recolher cobertores na época do Natal e deixá-los num centro de distribuição pode ajudar às pessoas que não têm recursos. Doar roupas para caridade pode ajudar um jovem delinqüente a ter sua segunda chance.

Não é preciso ir muito longe para descobrir quais necessidades humanitárias, de conservação e de preservação, existem na sua região. As câmaras de comércio locais têm uma lista completa das instituições de caridade. Verifique nas igrejas da sua comunidade também. Vocês não precisam se comprometer com nada gigantesco ou que exija muito tempo. Basta ser uma pequena parte de um grande esforço conjunto.

88

SEPARE, JOGUE FORA E DOE

Vivemos numa época de abundância. Nossos lares são planejados para ter capacidade máxima de armazenagem, e nós tratamos de encher todos esses espaços. Temos pelo menos um automóvel para cada motorista da casa e uma televisão em cada cômodo. Compramos ferramentas e aparelhos separados para todas as funções, e roupas novas para cada ocasião. Na verdade, a maioria das casas tem coisas saindo pelo ladrão.

O consumo de bens materiais é uma opção. Também é uma opção a traquitanda que inevitavelmente resulta disso. Você pode aliviar um pouco o estresse se desfazendo de algumas coisas.

Escolha um canto problemático que você sabe que está abarrotado. Talvez seja o armário do corredor. Combine com a sua parceira dedicar umas duas horas para esvaziar esse armário. Quando chegar a hora, arrume toda a bagunça em três pilhas separadas: coisas que vocês querem guardar, coisas que querem jogar fora e coisas que querem doar.

É fácil cuidar do que será jogado fora. O lixo pequeno simplesmente vai para a lata de lixo. Os recicláveis são dispostos conforme o regulamento da sua cidade ou bairro. Itens maiores vão direto para a lixeira ou o lixo do lado de fora.

Livre dos itens jogados fora, faça uma segunda separação no que vocês querem doar. Há muitas instituições de caridade que recolhem coisas para os necessitados. Ou então vocês podem conhecer pessoalmente alguém que precise de alguma coisa que vocês não estão mais usando. Embrulhe os itens de acordo com o destino que vai dar a eles e envie-os *no máximo em uma semana*.

Agora sobrou o que vocês querem guardar. Examine essas coisas mais uma vez. Você ou sua parceira realmente querem guardar todas elas? Há algum item que não devia estar nesse armário? Se for o caso, arrume esse ou esses itens num lugar mais apropriado, com outras coisas parecidas.

Finalmente está tudo pronto para arrumar o armário. Duas últimas perguntas, mais para divertir: você consegue organizar o armário com mais eficiência, de forma que seja fácil ver e pegar o que tem dentro? Se acha que consegue, por que não fazer isso agora, já que está com a mão na massa? Instale prateleiras, gavetas ou ganchos. Valerá a pena transformar esse armário num canto simples e organizado da casa.

O processo pelo qual você acabou de passar pode se repetir em praticamente qualquer canto da sua casa. Fazer isso em conjunto com a sua parceira permite que os dois tomem decisões na mesma hora, evitando que precisem amontoar as coisas até poder consultar um ao outro. Coisas boas em excesso podem pesar nos nossos ombros. Fiquem mais leves.

89
EM CASO DE DÚVIDA, FAÇA AS PAZES

Todos nós passamos por momentos em que nos irritamos com nossos parceiros por nenhum motivo aparente. Isso se deve ao cansaço, ao tédio e ao mau humor. Acontece em momentos de dúvidas pessoais e de mudanças. Você pode transformar isso em algo grande e assustador, ou então pode encarar o fato de que somos todos humanos, e partir daí.

Não deixe que essas alterações sentimentais ocasionais se transformem em problemas. É importante lembrar que amar e gostar nem sempre são sinônimos. Amar envolve muito mais romance, e o ingrediente principal é o compromisso. Quando você assume uma companheira para a vida toda, você aceita um pacote completo, não só as opções prazerosas. E às vezes, mesmo sem ser culpa da sua parceira, aquilo que você não gosta tanto nela parece sobressair.

Quando a sua parceira está simplesmente "dando nos nervos", faça o que menos sente vontade de fazer. Em vez de implicar com o primeiro aborrecimento que surgir e transformá-lo numa reclamação, descubra algo específico que você possa sinceramente agradecer ou elogiar nela.

Quando você se sentir tentado a começar uma briga ou se estiver no meio de uma, vire as coisas de cabeça para baixo, admitindo que você está errado antes da briga se avolumar. Peça desculpas por descarregar sua irritação e fazer sua parceira sofrer. E siga em frente.

Quando sentir uma vontade grande de pegar o próximo vôo para qualquer lugar bem distante do seu parceiro, escolha esse momento para fazer alguma coisa com ele. Pode ser simples como uma longa caminhada num lindo dia, ou complicado como um fim de semana fora. Não sobrecarregue a ocasião com grandes expectativas ou falso romance. Apenas aja de acordo com o compromisso que vocês fizeram de amar um ao outro.

Quando o mau humor ataca, ele pode facilmente se autosustentar. Mas você pode assumir a responsabilidade pela mudança da direção que está tomando. Agindo de forma positiva com a sua parceira nessa reação às emoções negativas, você pode realmente inverter a maré. Quando aquele mau humor indefinido atacar, ataque também. Em caso de dúvida quanto ao motivo de estar implicando com o seu parceiro, faça as pazes.

90
OUÇA NAS ENTRELINHAS

A crítica que você recebe do seu parceiro é especialmente dolorosa. Você pode reagir defensivamente porque a origem da crítica é uma ameaça à sua auto-estima. Se você quer manter o equilíbrio e permanecer aberto à compreensão, o segredo é ouvir nas entrelinhas. A maioria das críticas ocorre em mais de um nível com o companheiro. Existe a reclamação contra você e também o que significa para o parceiro. De um modo geral, é esse significado que faz com que você possa pôr a crítica em perspectiva e fazer alguma coisa a respeito.

Há diversas medidas que você pode tomar para encarar uma crítica de um modo construtivo. A primeira é dizer mais ou menos o seguinte: "Diga exatamente o que aborrece você." Permaneça calmo e ouça o que sua parceira está dizendo, sem a distorção da raiva ou da surpresa.

Quando você souber qual é a reclamação, prossiga dizendo: "Por favor, explique por que isso é um problema." Em essência, você está pedindo mais esclarecimentos. Muitos "problemas" não são questões problemáticas, objetivamente falando. Você precisa saber o que há por trás deles para poder dizer sinceramente: "Ah, agora entendi."

Ora, talvez você compreenda a queixa completamente e ache desde o início que é justificada. Nesse caso, essa pode ser a sua oportunidade para simplesmente pedir desculpas. É impressionante a velocidade com que um pedido de perdão pode fazer murchar uma reclamação. A sua parceira se sente compreendida. Você se sente amadurecido.

O último passo para resolver o problema é perguntar para seu parceiro: "O que posso fazer para melhorar?" Dando mais esse passo, você estará reforçando a noção de que o leva a sério. Talvez você não goste da sugestão dele. Sugira outra coisa. Continue tentando até encontrar um ponto de equilíbrio para resolver a questão.

91
TESTE A SUA CAPACIDADE DE JULGAMENTO

O que vocês fazem quando alguns problemas escapam do seu controle? As discussões e os conflitos passam a ter uma semelhança espantosa entre eles. Cada vez que surgem, vocês recuam mais para seus cantos, e lentamente vão perdendo a esperança de qualquer solução. Vocês ficam imaginando quanto tempo mais vão conseguir suportar essa situação.

Se você está envolvido num relacionamento assim, reconsidere seus pensamentos e seus atos. Um relacionamento gelado priva o casal de toda alegria, paz, satisfação e futuro. Quando os dois se recusam a ceder e todas as tentativas de derrubar os muros falharam, é necessário tomar uma atitude drástica. Vocês precisam procurar ajuda.

O aconselhamento profissional faz com que o casal ponha os problemas na mesa mais uma vez, de um modo novo e claro. Distanciado das emoções e da história que cercam o relacionamento, um terapeuta ou conselheiro pode fazer perguntas que nenhum dos dois faria e, além disso, o profissional é capaz de ouvir com imparcialidade. Uma terceira pessoa que não favorece a primeira nem a segunda deixa livre o fluxo de emoção. O ambiente terapêutico cria uma rede de segurança que permite um nível de sinceridade que pode ter se tornado impossível em casa. O terapeuta pode ajudar um casal a desenvolver estratégias para desfazer os nós do relacionamento.

Um dos dois pode se dispor a procurar ajuda antes do outro. Não faz mal. A maioria dos terapeutas dirá que, com ou sem o parceiro, essa procura de ajuda é crítica. É claro que depois de você ter começado as sessões, sua parceira pode decidir ir com você, nem que seja para ter uma oportunidade de se defender. Tudo bem. Isso desfaz o impasse e dá ao relacionamento o estímulo que pode ser sua única esperança de melhora.

É uma decisão sábia e corajosa reconhecer que vocês precisam de ajuda. Longe de ser motivo de vergonha, é uma prova de maturidade e de sensatez. Com ajuda, vocês podem destrinchar seus problemas pessoais e enfrentá-los um a um, trabalhando para construir algo novo e mais forte.

Não se esqueçam de que poucos problemas têm um lado só, se é que existe algum assim. É necessário ter duas pessoas para criar os problemas de um relacionamento. Se vocês se dispuserem a fazer terapia, terão entrado num acordo de testar sua capacidade de julgamento. É para o seu benefício saber em que ponto você saiu dos trilhos e também o fato de ter o apoio de alguém quando você permaneceu na linha.

92
ARTICULE OS SEUS "UIS"

Você pode estar deixando inúmeras pequenas irritações envenenar o seu relacionamento quando resolve guardar sua dor – os "uis" que surgem em relação ao seu parceiro – só para você. Enquanto lambia suas feridas, talvez você tenha decidido que a capacidade do seu parceiro de perceber as suas mágoas serve de teste para saber se ele realmente a ama. No entanto, é infantil e injusto esperar que uma pessoa "adivinhe".

Se você quer evitar que pequenos cortes aumentem, precisa cuidar deles como faria com ferimentos físicos. Você tem de olhar para eles, limpá-los e fazer curativos. Num relacionamento vital e maduro, isso gera uma compreensão melhor e mais compaixão um pelo outro. Permite que aquele que está sofrendo acabe com a dor e continue vivendo uma vida gratificante.

A única maneira de externar suas mágoas é verbalizando. Escolha a hora de falar para ser mais criterioso. Não aborde o assunto que envolve mágoas ou raiva quando vocês dois estiverem cansados ou já sobrecarregados emocionalmente por algum motivo. Encontre um momento em que seus recursos estejam mais fortes e sua mente mais clara.

Escolha as palavras com muito cuidado. Se formular a sua conversa em termos que soam como um ataque, que normalmente é fácil acontecer quando se está magoado, o seu parceiro provavelmente erguerá suas defesas. "Você sempre..." ou "Você faz com que eu..." são frases que nascem da postura de ataque. Se você quer ser ouvido, precisa encontrar formas de se comunicar que se concentrem nos seus sentimentos.

E, finalmente, dê oportunidade ao seu parceiro de pensar no que você disse e de reagir no seu devido tempo. Talvez ele veja justiça no que você disse e resolva pedir desculpas. Independentemente do resultado, decida pôr a mágoa de lado depois de expressá-la. Perdoe e esqueça. Com o perdão, você supera as realidades dolorosas da vida. Com o esquecimento, as suas feridas podem cicatrizar.

93

EVITE RIR À CUSTA DO SEU PARCEIRO

Senso de humor é um dom. Pelo humor, tornamos mais leve nosso fardo diário, adquirimos uma visão real dos nossos inúmeros defeitos, e evitamos levar as coisas muito a sério. A capacidade de rir de nós mesmos possibilita a consciência equilibrada de nós mesmos.

O humor, no entanto, também pode ser uma faca de dois gumes. O que é engraçado para uma pessoa pode ser profundamente ofensivo para outra. O que uma pessoa considera uma mera brincadeira pode inadvertidamente tocar num ponto fraco de outra.

Mas o que talvez seja mais irritante é o humor que tem como alvo o companheiro da sua vida. Muitos casais adquirem o hábito de provocar um ao outro na frente de terceiros. Às vezes, é uma maneira de demonstrar que se conhecem muito bem. Às vezes, é uma tentativa de evitar uma crítica ao parceiro, apesar de estarem, na verdade, comunicando exatamente uma crítica. Alguns casais usam o humor quando estão a sós também, e o resultado é bom. Se você tem algo sério para dizer para ou sobre o seu parceiro, o humor pode aparar as arestas e tornar isso mais palatável.

De qualquer modo, você tem de lembrar que o humor – especialmente quando provoca – pode tornar melhor um momento, mas também pode ser transformado pelo momento em que é ouvido. O que você diz de brincadeira pode ser levado muito a sério. E isso acontece com todo mundo – especialmente com quem você vive.

Por exemplo, sua parceira pode zombar de um membro da família dela quando vocês estiverem sozinhos, como uma forma de enfrentar sentimentos negativos não resolvidos. Mas quando você faz isso na frente de outras pessoas pode significar encrenca. Os sentimentos negativos dela não modificam o fato de que a pessoa da qual você está zombando é um membro da família que desempenhou um papel importante na vida dela. É fácil pisar nos sentimentos de outra pessoa quando você resolve implicar ou provocar.

Pense duas vezes antes de fazer qualquer piada à custa da sua amada. Muitas piadas à custa de alguém não são recebidas com tanto bom humor assim. Você pode estar tocando em algum ponto vulnerável. Vá com calma e mantenha suas antenas ligadas. Certifique-se de perguntar à sua parceira sobre o que ela sente em relação às suas brincadeiras num momento em que você não estiver brincando. Se você quiser arriscar assim mesmo, *esteja preparado para pedir perdão* se suas piadas saírem pela culatra.

Senso de humor de fato é um dom, mas requer sensibilidade, compaixão e comedimento. No interesse da justiça, se você vai pedir à sua parceira para ser o bode expiatório, é melhor estar preparado para desempenhar esse papel também. Na verdade, se você estiver determinado a tornar *alguém* o alvo de uma piada, talvez esse alguém deva ser você mesmo.

94

LEMBRE-SE DO AMOR

❦

Estamos em desvantagem na cultura moderna ocidental no que diz respeito ao amor. Filmes, livros, programas de entrevistas, seriados, artigos, tudo depende de romance, muita paixão e de infinitos estímulos para conquistar níveis de audiência e para vender. Nesse processo, até ofertas não fictícias nos dão a impressão de que se não estiver presente o tempo todo no nosso relacionamento, o amor não existe.

O amor aplicado ao parceiro da vida toda inclui o romance, é claro, e na verdade costuma começar assim. Engloba, porém, muitas outras coisas. Qualidades como a amizade, a solidariedade emocional, o compromisso, desempenham um papel indispensável no amor íntimo, assim como a afeição, o cuidado com o bem-estar do outro e algum tipo de lealdade financeira. E alicerçando tudo isso, está a lealdade.

A lealdade para com a companheira da sua vida ilustra uma união única que supera todas as outras. Sem ela, as prerrogativas da sua união – sexual, financeira e emocional – perdem o sentido. Você pode não ser romântico o tempo todo, mas é bom ser leal.

Pense nos problemas que provocam conflitos entre você e a sua parceira. Pegue um de cada vez e submeta a um teste. Primeiro, pergunte para você mesmo se um aborrecimento específico envolve uma questão de lealdade. Por exemplo, um de vocês pode se opor legitimamente ao outro fazer um programa noturno com outra pessoa – especialmente do sexo oposto – com base na lealdade. Por mais que o outro proteste que o programa é completamente inocente, o parceiro ofendido terá um argumento válido baseado nas exigências de fidelidade e de amor.

Veja também se alguma questão, apesar de não estar diretamente relacionada à lealdade, pode ter uma base de lealdade na solução. Suponha, por exemplo, que um de vocês dois tem a obrigação de convidar para jantar um colega de trabalho importante que é sabidamente uma pessoa muito intolerante. Suponha que o outro parceiro fique profundamente ofendido com essa intolerância. Como a lealdade se aplica nessa situação? É claro que, se vocês se amam, ela terá sua parte.

É mais fácil conversar e mais rápido resolver questões de lealdade se você parar um pouco nos momentos de paz e procurar articular o que significa a união de vocês. O que a lealdade significa na vida de vocês? A resposta varia de casal para casal, dependendo do tipo de pessoas que são, dos níveis de confiança que têm uma na outra e nelas mesmas, e francamente, no que são capazes de tolerar emocionalmente. Parte da lealdade envolve respeitar as inseguranças do parceiro e suas necessidades, por amor e compaixão.

95
ACREDITE NO PODER DE UM SÓ

"Para acender o fogo só precisamos de uma fagulha", diz a velha canção de acampamento. É verdade. Uma fagulha inicia um incêndio. Uma observação faz nascer um boato. Uma mãe orgulhosa faz toda a platéia aplaudir. Um trabalhador convence todos os operários a levantar o dinheiro necessário para uma cirurgia de um colega de trabalho. Esse é o efeito bola de neve. E ilustra o poder de um só.

Quando você está sem estímulo e angustiado, pode perder a fé no que uma única pessoa é capaz de fazer. Quando você se alia à companheira da sua vida, pode pensar que se fizer alguma coisa sozinho – isto é, se a sua parceira não dá apoio ou não se envolve – não fará diferença nenhuma. Você se sente derrotado, e com isso em geral acaba fracassando mesmo.

Na maioria das vezes não gostamos de resistência. Preferimos seguir por uma linha reta e nos deparar com o mínimo de obstáculos no caminho. No entanto, a maior parte das realizações mais notáveis da vida, globais e locais, começaram com um visionário e muitos oponentes. E de modo surpreendente, a resistência que uma pessoa enfrenta pode ajudar a pôr mais músculo e mais inteligência no que, no início, era apenas uma pequena idéia.

O primeiro passo para fazer a diferença é saber que você tem esse poder de um só para isso. Sem essa noção, você vai se tornar a sua resistência mais eficiente. Se você estiver se debatendo com a derrota, pare um pouco e faça uma pesquisa. Olhe para as realizações das outras pessoas. Converse com pessoas que têm experiência. Dedique-se a acumular as informações de que precisa. Nada substitui uma compreensão sólida do que é preciso para fazer o que você espera fazer.

Lembre que você só precisa dar um passo de cada vez. Ficar olhando tempo demais e com intensidade demais para tudo que pode estar em jogo, perde seu valor positivo se você não dividir isso em pequenos incrementos de mudança. Um passo leva ao outro, e o esforço vai se acumulando. Como uma bola de neve, o seu projeto vai crescendo à medida que ganha impulso.

E, finalmente, você precisa se empenhar nesse projeto até o fim. O resultado pode ser menos do que você esperava, ou pode superar seus sonhos mais loucos. Mas se você não persistir até o fim certamente vai se decepcionar e terá perdido muito do valor que o seu caráter e a sua auto-estima poderiam ganhar se tivesse prosseguido nesse curso.

96

ESCALE UMA MONTANHA

É importante aprender a estar acima dos seus problemas diários para que eles não dominem a sua vida e acabem com a sua alegria. Eles não vão embora. Para cada pequena irritação eliminada da sua vida nascem outras duas no lugar. Elas poluem a paisagem da vida como um excesso de mato na base de uma grande cadeia de montanhas. Isso você não pode mudar. Mas o cabrito montês tem algo para nos ensinar.

O cabrito montês escala as montanhas diariamente e vai para o terreno mais alto, bem acima dos problemas e das preocupações das criaturas comuns. Ele caminha com passos firmes sobre um terreno que parece impossível. Arranca a vegetação do solo e a utiliza como alimento. Descobre pequenos fios d'água de neve derretida e mata sua sede. Ele realiza tudo isso mediante decisões pequenas e individuais, dando um passo de cada vez.

Nós temos atração por prazeres imediatos. A sociedade nos ensinou a esperar isso. Mas nem sempre a vida coopera.

Quanto mais você tenta dar passos gigantescos para a frente, mais você tropeça nos próprios pés. Agora pense no cabrito. Ele sobe pacientemente pela face da encosta, dando um passo de cada vez. Ele não parece preocupado com o abismo profundo, nem com a visão apavorante da altitude. Simplesmente avança com passos firmes. Espantosamente, o cabrito acaba chegando ao cume incólume.

Aprenda com o cabrito montês. Em vez de tentar dar um passo gigantesco, pulando as pequenas irritações e frustrações do dia-a-dia, pare e resolva. Pense nos seus possíveis passos. Lembre que você só precisa de um pequeno incremento para avançar. Descubra qual é, e dê esse passo.

Quando você sentir que não tem mais energia para dar o próximo passo, lembre que quase sempre a vida oferece fontes de energia pelo caminho. Você tem oportunidades diárias de alimentar a mente e o espírito, e para saciar suas necessidades emocionais. Buscar o prazer imediato ou o passo maior do que as pernas só trará encrenca. O progresso lento e constante, com paradas regulares para descansar e se alimentar, levará você a novas altitudes.

97

APAGUE O NEGATIVO

A linguagem pode ser muito poderosa. Quando você usa uma linguagem negativa, ela pode se tornar o centro da sua comunicação interpessoal. Cada pequeno problema pode se transformar em combustível para pensamentos negativos. Mas a negatividade é um hábito e podemos consertar maus hábitos.

Os especialistas em comportamento humano afirmam que são necessárias seis semanas para acabar com um hábito. Se você começar agora, poderá estabelecer um padrão novo e positivo de raciocínio e de relacionamento em um mês e meio. É um tempo relativamente curto no contexto de uma vida inteira – e os benefícios são imbatíveis.

Antes de mais nada, observe a negatividade. Talvez ela comece com uma provocação amigável. É tudo muito divertido, mas há bastante verdade por trás para se firmar. Antes de você perceber, o negativo já tomou conta. Por isso preste atenção nas conversas que você tem com a sua parceira. Observe de que forma vocês implicam um com o outro, mesmo que seja de brincadeira. Note os momentos em que você resolve criticar em vez de apoiar.

Você pode se desencorajar com a extensão da negatividade com a qual vocês dois convivem. Deixe que essas suas observações sirvam de guia para a mudança. Pense de forma construtiva: "Como posso comunicar isso em termos positivos, e não negativos?" "O que essa situação tem de bom, e como posso enfatizar isso?"

Agora, em vez de simplesmente tentar eliminar o que você não quer, você vai substituir. Uma imagem de computador nos vem à cabeça. Um computador, num determinado momento, só tem determinada capacidade. Você pode estar trabalhando e de repente ver uma mensagem na tela do monitor que indica insuficiência de memória para continuar. Você precisa apagar alguma coisa antiga para criar espaço para uma coisa nova. Se você quiser programar atitudes positivas de apoio no seu relacionamento, terá de apagar o negativo e substituí-lo pelo positivo.

Qualquer gosto pequeno baseado numa atitude negativa pode aumentar, se você deixar – mas o que tem suas raízes no positivo também. Depois de plantar, alimente isso com um esforço consciente de expressar o que há de positivo no seu relacionamento. Pode representar uma mudança na sua atitude e na sua realidade. Se damos ênfase ao que é bom, estamos estimulando o crescimento de mais coisas boas.

Este livro foi impresso na Editora JPA Ltda.,
Av. Brasil, 10.600 – Rio de Janeiro – RJ,
para a Editora Rocco Ltda.